お迎えの信仰

往生伝を読む

梯 信暁 著

法藏館

お迎えの信仰

——往生伝を読む——

目次

二　続本朝往生伝

お迎えの信仰

——往生伝を読む——

はじめに

「オムカエ」……。「アノ世からのオムカエ」などという言い方をします。多くの人はそれが「極楽からのお迎え」を意味することを知っています。阿弥陀仏が菩薩と共にやって来て臨終の人を迎え取り、極楽へ連れ帰る場面を思いうかべることのできる人も少なくないと思います。それは平安時代の貴族社会に定着した信仰に基づく情景です。「お迎え」という言葉は、その意味を変えることなく現代にまで受け継がれているのです。

「お迎え」の信仰を社会の広範に流布《るふ》させる役割を演じた文化装置は数々ありますが、本書ではその中、「往生伝《おうじょうでん》」と呼ばれる一群の文学作品を取り上げたいと思います。極楽への往生を目指した人々の伝記を綴ったものです。

その起源は、迦才《かざい》の『浄土論』に収録された、往生人の伝記であると言われています。迦才は中国唐代の人で、摂論宗《しょうろんしゅう》の学系に属し、道綽《どうしゃく》から浄土教を学び、七世紀半ばに長安《ちょうあん》で活躍したことがわかっています。『浄土論』の下巻には、道俗男女二十人の往生人の行実《ぎょうじつ》が紹介されています。それを承けて八世紀に成立する少康《しょうこう》・文諗《もんしん》の『往生西方《さいほう》浄土瑞応删伝《ずいおうさんでん》』が単体の「往生伝」の嚆矢《こうし》です。その後、宋代にはたくさんの「往生伝」が著《あらわ》されました。

それらの作品は次々と日本に伝来し、阿弥陀仏信仰の隆盛に伴って多くの人に読まれるようになりました。

その影響を受けて日本で最初に著された「往生伝」は、慶滋保胤《よししげやすたね》の『日本往生極楽記』で、十世紀末の成立です。その後、十二世紀には、『続本朝《ほんちょう》往生伝』『拾遺《しゅうい》往生伝』『後《ご》拾遺往生伝』『三外《さんげ》往生記』『本朝新修往生伝』が相次いで登場します。

「往生伝」は、一般の伝記とは異なり、往生極楽を目指す人の命終《みょうじゅう》の前後に現れた不思議な現象を紹介することに重点が置かれています。美しい音楽が聞こえた、芳香《ほうこう》や光明、紫雲《しうん》が現れた、仏・菩薩等の聖衆《しょうじゅ》の姿が見えたなどという記述です。多くは臨終の時に極楽からの来迎《らいごう》すなわち「お迎え」があったことを想起させる現象です。本人あるいは特定の人にだけ現れることもありますが、付近の多くの人が同時に感得《かんとく》したと報告されることもありました。また、本人が命終の時期をあらかじめ察知していたとか、死後に知人の夢に現れて往生したことを告げたなどということもあります。それらを往生の「奇瑞《きずい》」と言います。奇瑞が現れたことをもって往生極楽の証拠と見なされ、往生人と認定されるのです。「往生伝」は、往生人の奇瑞を伝えた説話文学だと言ってよいでしょう。

平安時代に著された「往生伝」には、天皇や貴族・高僧から聖《ひじり》・庶民に至るまで、様々な階層の人たちの往生の物語が集められています。社会での地位はもちろん、平生《へいぜい》の行業《ぎょうごう》や往生の因行《いんぎょう》もまちまちです。顕密《けんみつ》の行法《ぎょうぼう》を修め尽くした高僧もいますし、源信の『往生要集』に説かれた臨終行儀を修した行者の伝もあります。しかしそのような修行には堪えられない、沙弥《しゃみ》や俗人の往生を伝える記事も見えます。

往生人の生前の行業と命終の前後に現れる奇瑞との間には何らかの関連があると考えて、それを類型化しようする研究がなされたこともありました。しかしそれにはあまり意味がないと思います。奇瑞は、往生人の生前の行業によってのみもたらされるものではなく、むしろ周囲にいる人々の心情を色濃く反映するものだと思うからです。臨終の描写は、その様子を伝えた看病人の報告によってなされたものですし、夢も当然、それを見た人の言葉を伝えたものです。奇瑞は、感得者の心に映し出された情景であり、感得者の信仰の表象であると言えます。その意味では、当時多くの人が、身分や職業、あるいは平生の生活の如何にかかわらず、命終の前後に類似の情景を感得していた点にこそ留意されるべきでしょう。平安時代の人々は、天皇も庶民も、「お迎え」の信仰を共有していたということです。「往生伝」はその実態を知る格好の史料だと言えましょう。

「お迎え」の信仰は、十世紀半ばの貴族社会に芽生え、十二世紀には社会の広範に流布しつつありました。それが庶民の間にまで浸透するのは鎌倉時代のことです。それによって多くの日本人が、死の向こう側の世界を具体的にイメージできるようになり、憧れと共に、恐れを懐《いだ》くことになります。「お迎え」が得られなければ極楽に往生できず、流転の生涯を繰り返さなければならないと考えたからです。地獄に堕《お》ちるかもしれません。そのような不安感が社会に蔓延《まんえん》し始めた頃、法然や親鸞が世に出て、人々の心を癒すための教えを提唱します。その間の経緯については、末尾の「おわりに」に簡単に述べるつもりです。

本書のテーマは、平安時代の「往生伝」の記事を手がかりとして、「お迎え」の信仰の実態をうかがうことです。

本書の元になったのは、百華苑の『信仰』誌上に連載した「阿弥陀仏に出遇った人々」です。『日本往生極楽記』『続本朝往生伝』『拾遺往生伝』『後拾遺往生伝』の一部を現代語訳し、簡単に解説したものです。平成五年九月より平成十年二月まで、二十三回にわたって掲載していただきました。

今般はそれに大幅な加筆を行い、『日本往生極楽記』については全文を現代語訳し、やや詳細な解説を付しました。それに『続本朝往生伝』『拾遺往生伝』『後拾遺往生伝』の一部訳と解説とを加え、さらに付録として『楞厳院二十五三昧過去帳』(広本)の全文現代語訳と解説とを掲載しました。『楞厳院二十五三昧過去帳』はいわゆる「往生伝」ではありませんが、特に命終前後の夢を中心に、二十五三昧会の結衆《けっしゅ》が示した往生の奇瑞を記録することに重点が置かれています。その中のいくつかは後世の「往生伝」に影響を与え、特に『三外往生記』では、七人の伝に『楞厳院二十五三昧過去帳』の記述が踏襲《とうしゅう》されています。それに「過去帳」という文書の性格上、没直後の信憑性の高い記事ですので、「お迎え」の信仰の実態を知る絶好の史料だと思います。

「往生伝」のテキストは、『日本思想大系』の『往生伝　法華験記《ほっけげんき》』（一九七四年、岩波書店）を用いました。また『楞厳院二十五三昧過去帳』（広本）は、『続天台宗全書』史伝2（一九八八年、天台宗典編纂所、春秋社）所収本を用いました。

此度の出版を快くご許可くださった百華苑社長福田裕子氏には心より感謝申し上げます。出版にあたり種々ご配慮をいただきました法藏館、そして此度も編集をご担当くださいました上山靖子氏に厚く御礼申し上げます。

令和二年二月四日

梯　信暁

二　日本往生極楽記

1 序

日本往生極楽記

朝散大夫行《ちょうさんだいぶぎょう》 著作郎《ちょさくろう》慶保胤《よしやすたね》撰《せん》

私は若い頃から阿弥陀仏を念じてきましたが、四十歳を過ぎていよいよ信仰が高まり、口には仏の名号《みょうごう》を称《とな》え、心には仏の相好《そうごう》を観じて、日常を送るようになりました。どれほど慌ただしい生活の中でも、一刻たりとも念仏を怠ることはありませんでした。お寺のお堂や塔廟《とうびょう》に阿弥陀仏の像や浄土の絵図が安置されていたら、必ず礼拝《らいはい》を捧げました。出家在家を問わず、極楽を思い往生を願う人に会えば、必ずご縁を結びました。経典論書《きょうてんろんしょ》に阿弥陀仏の功徳《くどく》やいわれを説く文があれば、必ず拝読しました。

大唐国弘法寺《ぐほうじ》の釈迦才《しゃくかざい》が著した『浄土論』には、二十人の往生人が紹介されています。迦才は、「上来経論の文を掲げて、往生極楽の明白な証拠を示してきた。しかし現在の人々は智慧《ちえ》浅く、その文意を理解できないようである。皆の心を往生極楽へと差し向けるためには、実際に往生を遂げた人のことを紹介するよりほかに方法はなかろう」と言っています。実にその通りだと思います。

また『往生西方《さいほう》浄土瑞応删伝《ずいおうさんでん》』には四十人余の往生人を載せますが、その中には牛を屠《ほふ》り鶏《とり》を売った者もあります。そのような者も、善師《ぜんし》に遇って十念仏すれば往生することができるのです。私はその伝を見て、いよいよ往生の願いを強固にしました。

そこで国史や伝記史料を検索して、奇瑞を現し往生を遂げたという記事を求めました。さらに故老《ころう》を訪ねて話を聞き、あわせて四十余人の伝を収集することができました。感激を胸にその行実《ぎょうじつ》を書きとめ、『日本往生極楽記』と名づけました。この書を読む人は、疑いの心を起こさないでください。どうかすべての人々と共に、極楽に往生できますように。

『日本往生極楽記』序文の現代語訳です。

「朝散大夫行著作郎慶保胤撰」と撰号が付されています。「撰《せん》」は「著」の意で、「慶保胤《よしやすたね》」が姓名です。慶滋《よししげ》保胤を略しています。「朝散大夫《ちょうさんだいぶ》」は、文官の階位を表す語で、従五位下《じゅごいのげ》を指します。「著作郎《ちょさくろう》」は、「内記《ないき》」という官位を表します。詔勅《しょうちょく》の草案を作るなど、宮中の文書・記録を扱う官職です。保胤は「大《だい》内記」でした。階位と官位の間に「行《ぎょう》」という文字が挟まれていますが、これは階位と官位の関係を表す言葉です。当時は、階位に相当する官位が法律で定められていました。大内記は正六位《しょうろくい》に相当しますので、保胤は官位に対して階位が高かったのです。その場合は「行」と付されます。逆に官位に対して階位が低い時は「守《しゅ》」と付されます。

慶滋保胤（九三四？〜一〇〇二）は、陰陽師《おんみょうじ》の家系の出身でした。父の賀茂忠行《かもただゆき》は、安倍晴明《あべせいめい》の師だったと言われます。ところが保胤は家業の陰陽道を嫌い、大学に入って紀伝道《きでんどう》を学び、慶滋と名のりました。賀茂の「賀」に対して「慶」、「茂」に対して「滋」と、同じ意味の別字を当てたのです。文章《もんじょう》博士菅原文時《すがわらふみとき》に師事し、文章生《もんじょうしょう》から大内記に進みました。

一方早くから仏教に傾倒し、康保《こうほう》元年（九六四）には大学寮の学生や比叡山の僧侶を集めて「勧学会《かんがくえ》」という法会《ほうえ》を発足させています。毎年三月と九月の十五日に参集《さんしゅう》して、朝には法華の講義を聞き、夕べには阿弥陀仏を念じ、その後は夜を徹して漢詩を詠《よ》みつづけるという、娯楽的な要素を加えた信仰の集いだったようです。

『日本往生極楽記』は、保胤の信仰が結実した書です。序文には、若い頃からの往生極楽を願う思いがいよいよ高まって一書を著すことになったと言い、書を介して後世の人々と結縁《けちえん》し、共に極楽に往生したいという思いを綴っています。この書を一往完成させた後、保胤は比叡山で出家し、本格的に念仏修行僧の生活を始めます。寛和《かんな》二年（九八六）のことでした。

保胤の伝記や逸話は『続本朝往生伝』『今昔物語集』などに伝えられ、詩文は『本朝文粋《ほんちょうもんずい》』『和漢朗詠集《わかんろうえいしゅう》』などに収載されています。随筆『池亭記《ちていき》』は有名です。『続本朝往生伝』保胤伝の記事は後に紹介します。

2 聖徳太子——日本仏教の開祖、妃とともに往く

聖徳太子は、用明《ようめい》天皇の第二の皇子《おうじ》です。ある夜、母君の夢に金色の僧が現れて、「わしはこの世界の人々を救おうという誓いを立てた。ついてはそなたの腹に宿って世に出ようと思う」と言います。母君は不思議に思い、「どなたです」と問うたところ、「救世《くせ》菩薩と申す。西方《さいほう》に住む者である」と。そこで母君は、「私のような穢《けが》れ多き者の腹に宿られるのは、おやめになったほうがよろしゅうございます」と申したのですが、「わしは垢穢《くえ》を厭《いと》わない。人間に生まれたいだけじゃ」と言うやいなや、躍り上がって口の中に入ってしまわれました。

目覚めた時、母君は喉《のど》に違和感を覚え、しばらくしてご懐妊《かいにん》になります。八箇月にして胎内より言葉を発し、ご誕生の際には、赤黄の光が西方より差し込んで、殿中《でんちゅう》を照らし出したと言

われています。

太子は生来の秀才で、人を見る目も確かでした。まだ幼かった頃、百済《くだら》の国から仏教書が献上されたことがありました。太子はそれを読みたいと仰せられます。天皇が訝《いぶか》ってそのゆえを尋ねられたところ、太子は、「私は前世に中国に生まれ、南岳《なんがく》で仏道修行をしたことがあります」と答えられました。

六歳にして香気を発し、太子に触れた者は、その移り香が何箇月も消えなかったということです。

百済から日羅《にちら》という僧が来日しました。太子は質素な身なりで下座《しもざ》に列していましたが、日羅はそれを見て、「あの御子は仏さまです」と言いました。太子は驚いて走り去りましたが、日羅が追いかけたところ、太子は衣を着替えて現れました。日羅は無礼を詫《わ》び、跪《ひざまず》いて太子を礼拝し、「敬礼救世観世音《きょうらいくせかんぜおん》　伝灯東方粟散王《でんとうとうぼうぞくさんのう》（敬《うやま》って救世観世音菩薩の化身《けしん》、み教えを伝えるために東の国に出現された王を礼拝いたします）」と唱えました。太子が答礼《とうらい》されると、日羅は光を放ちました。太子もまた眉間より光を放たれ、「日羅は聖人です。私が前世に中国にいたとき、日羅は私の弟子でした。常に観世音を礼拝していたので、身より光を放つようになったのです」と仰せられました。

推古《すいこ》天皇が、皇太子に立てて、国政のすべてをお任せになりました。太子は、八人の訴えを同時に聞いて処理されたので、群臣から「八耳皇子《やつみみのみこ》」と讃えられました。太子が十を問うと、恵慈は百の答えを授けたということです。

高麗《こま》より来日した恵慈《えじ》の指導のもと、学問にいそしまれました。

ある時太子が、「『法華経』には一字欠落があります」と仰せになりました。恵慈が、「そのような文字はどこの国の経本にも見えません」と答えると、太子は、「私が昔持っていた経には、この文字がありました」と。恵慈がその所在を尋ねますと、太子は微笑みながら、「隋《ずい》国の衡《こう》山《ざん》の寺にあります」と仰せになり、群臣の中から小野妹子《おののいもこ》を大使として中国に派遣することを決められました。

太子は妹子に、「私が前世に所持した『法華経』が、衡山の般若台《はんにゃだい》にあるので取ってきてくれ。昔の同行《どうぎょう》だった三人の老僧がいるから、この法衣《ほうえ》を差し上げてくれ」と命ぜられました。妹子が行くと、老僧たちは喜んで、漆の箱に入った経本を授けてくれました。妹子はそれを持ち帰りました。ところが太子は、「これは私の経本ではない」とおっしゃいました。

太子は月に三度、沐浴潔斎《もくよくけっさい》して、宮内の夢殿《ゆめどの》と呼ばれるお堂に籠もられます。また経の註釈に行き詰まると、すぐに籠もられ、菩薩の導きによって妙案を得られたということです。その時は七日間、扉を閉ざされたので、皆が心配しましたが、恵慈は、「太子は三昧《さんまい》に入っていらっしゃるので、騒いではならない」と言いました。

はたして八日目の朝にお出ましになりました。机上に一巻の経を置き、恵慈を呼んで、「これが前世私が所持した経本です。写本を一部だけ作りました。妹子が持ち帰ったのは私の弟子の本です。魂を中国に送って持ち帰ったのです」と、欠落の文字をお示しになりました。恵慈はたいそう驚きました。確かに妹子が持ち帰った経本にはなかった文字です。

その経本は、太子の没後、御子息の山背大兄《やましろおおえ》王子が日夜礼拝に用いましたが、十月二十三日の夜中に突如消え去り、行方不明となりました。現在法隆寺には、妹子が持ち帰った経本が伝わっています。

太子は憲法十七条を制定し、自筆して天皇に捧げられました。国中が歓喜しました。

天皇の要請により、三日間にわたって『勝鬘経《しょうまんぎょう》』の講義をされました。袈裟《けさ》を着て払子《ほっす》を持ち、獅子座《ししざ》に登って経を講ずる太子の姿は僧侶のようでした。講義を終えられた夜、二、三尺もある蓮の花が降ってきたので、翌朝奏上《よくあさそうじょう》すると、天皇は、そこに伽藍《がらん》を建立されました。それが現在の橘寺《たちばなでら》です。

また七日間にわたって『法華経』を講ぜられた際には、天皇より播磨《はりま》国の水田三百町《ちょう》を賜り、法隆寺に施入《せにゅう》されました。

巡検《じゅんけん》して墳墓を造営されての帰り、太子は行き倒れた人を見つけて介抱し、自身の上着を脱いで着せかけ、歌を詠まれました。

「してなるや　片岡山に　飯《いひ》に飢ゑて臥《こや》せる　旅人あはれ　親無しに　汝《なれ》なりけめや　さす竹の　君はやなきも　飯に飢ゑて臥せる　その旅人あはれ（片岡山に飢え倒れている旅人よ　お前に親はいないのか　仕える君はいないのか　飢え倒れている旅人よ）」と。

するとその行き倒れた人が次のように返しました。

「斑鳩《いかるが》の富の小川の絶えばこそ　わが大君の御名《みな》忘られめ（斑鳩の富雄《とみお》川の水が絶えようと　大君の名は決して忘れぬ）」と。

宮殿に帰られた後、片岡山に人を遣わしたところ、行き倒れた人はすでに亡くなっていました。太子はたいへん悲しみ、手厚く葬りました。それを知った馬子《うまこ》大臣が非難しました。太子はそれを聞いて、馬子を召され、「墓を掘り返してみよ」と仰せられました。馬子が墓の中を確かめたところ、遺体はなく、棺の中に香気が残っていました。供え物などはそのままでしたが、太子が着せかけた上着だけは見当たりませんでした。馬子は驚き、太子を讃えたということです。

妃の膳《かしわで》夫人が側に仕えていました。ある日、太子が膳夫人に、「長年連れ添ってきたが、あなたは私の意に背くようなことを何一つなさらなかった。ありがとう。死んでも同じ穴に葬ってもらおう。何十回も生まれかわって仏道を修めてきたが、このたびこの国の指導者となって、仏さまの教えを弘めるという宿願がかなった。もう迷いの世界に生まれかわることはやめようと思う」とおっしゃいました。夫人はただ涙するばかりでした。「今夕だ。一緒に往《ゆ》こう」と、太子がおっしゃると、二人して沐浴して新しい着物に着替え、並んで床《とこ》に臥《ふ》せられました。翌朝、お二人がなかなか起きてこられないので、側近の者が部屋に入り、入滅を知ったということです。時に太子は四十九歳でした。国中の者が子や親を失ったように泣きました。日も月も光を失ったとか、天地が崩れたなどと皆が言い、これからは誰を頼ればよいのかと歎きました。太子も妃も、生前と少しも変わらぬ姿で、えも言われぬ香気を漂わせ、ご遺体は衣《ころも》のように軽かったということです。

祖国で、太子薨去《こうきょ》の知らせを受けた恵慈法師は、嘆き悲しみ、次のような誓願を発しました。「日本の太子は大聖《だいしょう》であらせられる。国は異にしているが、太子と私とは固い友情で結ばれている。太子亡き後、一人生き長らえたとて何の益があろう。明年の太子の命日を待って、私もこの世に別れを告げ、浄土で太子と再会しよう」と。

はたして翌年の二月二十二日、恵慈法師は亡くなりました。誓願の通りでした。

――『日本往生極楽記』第一聖徳太子伝です。

前項に述べましたように、保胤はこの書を完成させて出家します。ところが出家の後、兼《かね》明親王《あきら》（九一四〜九八七）の要請によって、冒頭の聖徳太子伝と、次の行基伝《ぎょうき》とを書き加えました。その経緯は次項、行基伝の末尾に述べられています。当初保胤は、太子を往生人とは考えていなかったようです。確かに極楽願生者としての聖徳太子像は、あまり明確なものではありません。しかし聖徳太子は、言うまでもなく日本仏教の礎《いしずえ》を築いた人であり、当時すでに信仰の対象となっていた人物ですから、太子の伝を冒頭に据えることは、この書の権威を高める上で、極めて大きな意義を持つことだったと考えられます。

聖徳太子（五七四〜六二二）が阿弥陀仏信仰を持っていたことを裏付ける明確な証拠はないと言ってもよいでしょう。没後橘夫人が作成した天寿国《てんじゅこく》繡帳《しゅうちょう》には、極楽の情景が描かれているという説もありますが、未だ確証は得られていない状況です。その経緯を伝えた『上宮聖徳法王帝説』が当時流布していなかったこともあり、本伝にはそのことに触れた記事はありません。

本伝が太子往生の証拠として挙げた奇瑞は、自らの死期をあらかじめ察知していたことと、遺体が香気を放ち、しかもとても軽かったということです。死期の察知と香気とは、「往生伝」のスタンダードです。遺体が軽かったということは、他の太子伝にも見えますが、「往生伝」では珍しい記述です。それは、死後この世に抜け殻をのこして仙人となる「尸解仙《しかいせん》」を思わせる記述であり、神仙《しんせん》思想の影響であるとも言われています。

また往生の奇瑞ではありませんが、懐妊の話や、日羅との逸話には、太子が観音菩薩の化身であることが示唆されています。その記述は、十世紀初頭に成立した『聖徳太子伝暦《でんりゃく》』等を踏襲しています。本伝成立の頃に隆盛となる聖徳太子信仰に基づく伝説です。

3 行基――大仏建立の立役者、鬼も認める極楽往生

行基《ぎょうき》菩薩は、俗姓《ぞくせい》を高志《こし》氏と言い、和泉《いずみ》国大鳥《おおとり》郡の出身です。胞衣《えな》に包まれたまま生まれたので、父母が怪しんで木の股に放置したところ、一夜を経て胞衣より出て、言葉を発したので、家に連れ帰って育てたということです。

子供の頃、近所の子供たちと共に、仏法讃嘆の文を唱えていました。すると何百人もの牧童が、牛馬を放置して聞き入りました。飼い主が人を遣って呼びに行かせても、使者までもが牛馬のことを忘れて聞き入り、涙を流しています。行基が高台に上って牛馬を呼ぶと、牛馬が集まってきたので、ようやく牧童たちが連れ帰ったということです。

出家して薬師寺の僧となり、法相宗《ほっそうしゅう》の教えを学び、その奥義を会得《えとく》しました。あちこちへ出かけて、仏法を説きますと、その尊い教えを慕い、付き従う者が後を絶ちません。橋を造り、

道を補修し、また池を掘り、堤《つつみ》を築くなどの仕事を始めますと、多くの人が集まってあっという間に出来上がります。畿内はもちろん、全国各地にたくさんの道場が開かれました。

ある日、行基が池のほとりを行くと、ならず者がふざけて、魚のナマスを食えとすすめてきました。行基はそれを食べ、すぐに吐き出しました。するとナマスが生き返ったということです。

聖武《しょうむ》天皇が心から尊ばれ、行基に大僧正《だいそうじょう》の位を授けられました。その頃、智光《ちこう》という高僧がいました。智光は、行基の出世を妬《ねた》み、朝廷を恨んで、山寺に隠遁《いんとん》しました。その途端に智光は死んでしまったのですが、しばらく葬《ほうむ》らずにおりますと、十日の後に生き返ってきて、弟子たちに次のように語りました。

「閻魔《えんま》様の手下の鬼に引っ立てられてゆく道すがら、金色に輝く広大な御殿があったので、訊《たず》ねたところ、〈行基菩薩がやがてお生まれになる世界だ〉と言う。しばらくすると、遠くの空が真っ赤に燃えているのが見えたので、また問うてみると、〈お前の行く地獄だよ〉と。その言葉が終わらないうちに私は閻魔様の前に突き出された。〈娑婆でお前は行基菩薩を妬み恨んだろう。その罰を受けなければならない〉と宣告された。焼けた銅の柱を抱かされ、身も骨も溶け、ようやく罪を償《つぐな》って娑婆に帰されたというわけだ」と。

蘇生《そせい》した智光は、行基に謝りに行きました。その時、行基は摂津《せっつ》国で難波江《なにわえ》の橋を造っているところでしたが、智光の姿を遥かに見て、その心を知り、微笑を浮かべました。智光は地に伏して、涙ながらに謝ったということです。

東大寺の建立に際して、天皇は行基に開眼供養《かいげんくよう》の講師を命ぜられました。ところが行基の返答は、「そのような大役は私には勤まりません。まもなく外国から聖者が見えますから、その方に勤めていただきましょう。ご到着はどうやら今日のようです。お迎えに行かなければ」ということでした。

百人の僧、それに政府の役人を率いて、難波の津にやってきた行基は、閼伽器《あかき》一具に香と花とを供えて海に浮かべました。その香花は、沖の方に流れていったかと思うと、やがて一隻の小舟を従えるようにして岸へ戻って来ました。その舟には一人のインド僧が乗っていました。

行基はその僧と手をとりあって微笑み、次のような歌を詠みました。

「霊山《りょうぜん》の釈迦のみまへに契りてし　真如《しんにょ》くちせずあひみつるかも（霊鷲山《りょうじゅせん》で交わした約束忘れずに今君に遇えたうれしさ）」と。

するとその僧が返歌しました。

「迦毘羅衛《かびらえ》にともに契りしかひありて　文殊の御貌《みかお》あひみつるかも（カピラ城で交わした約束実現し　文殊菩薩にまた遇えましたよ）」と。

行基はその場の人々に、「このお方は、南インドの婆羅門僧正《ばらもんそうじょう》、菩提僊那《ぼだいせんな》とおっしゃいます」と紹介しました。この時人々は、行基が文殊菩薩の化身だということを知ったのです。

このほかにも数えきれぬほどの尊い行いを重ね、天平勝宝《てんぴょうしょうほう》元年（七四九）二月二日、八十歳で入滅されました。

私寂心《じゃくしん》は在俗の身であった頃、この書ならびに序を書いて、一往の完成を見ました。その後出家して多忙だったので、筆を持つことはありませんでした。最近、新たに往生人五、六人のことを聞くに及び、中書大王兼明親王《ちゅうしょだいおうかねあきらしんのう》に加筆訂正をお願いしましたところ、親王は喜んで引き受けてくださいました。親王は、この書に聖徳太子と行基菩薩の伝を載せよと言われる夢をご覧になったそうです。その途端《とたん》、親王は神経痛を発症され、筆を執ることが困難になられました。そこで私が、親王の夢想を承って、自分で国史・伝記をひもとき、二菩薩応迹《おうじゃく》の事績を書き入れることにしました。

『日本往生極楽記』第二行基伝です。

行基（六六八〜七四九）は、後に薬師寺の僧となりますが、むしろ沙弥《しゃみ》として多くの庶民を率い、社会事業に力を尽くしたことで知られる人です。東大寺大仏造立に際しては、聖武天皇の命を承けて大勧進《だいかんじん》の役をつとめ、大僧正に任ぜられました。日本で最初の大僧正です。ちなみに行基の次に大僧正になったのは、十世紀の比叡山の座主《ざす》、良源《りょうげん》（九一二〜九八五）です。共に破格《はかく》の待遇であったと言えます。

末尾には、この書を一往完成させて出家した後、新たな史料を入手したため、兼明親王に加筆潤色《じゅんしょく》を依頼したこと、親王が夢想によって聖徳太子と行基の伝を加えることを進言し、それに応えて保胤自身が書き加えたことなどが述べられています。

やはり当初、保胤は行基を往生人とは考えていなかったのだと思います。この伝を見ましても、往生人としての行基像は捉え難いものです。わずかに智光との逸話の中で、行基がやがて極楽に生まれる人であるということをうかがわせるような台詞《せりふ》が見えるだけです。

しかしながら、聖徳太子を日本仏教の創始者とするならば、行基はいわば民衆教化の先駆者という位置付けであり、この二人を古代日本仏教の双璧と見なす仏教史観が定着しつつある平安中期の仏教書としては、外してはならない人物であったと思われます。

本伝に見える、智光が行基を妬んで地獄に堕ち、後に蘇生して行基に謝罪するという説話は、『日本霊異記《りょういき》』の記事を踏襲するもので、おそらく奈良時代後期以来の、法相宗と三論宗《さんろんしゅう》との争いを反映したものだと思います。智光は三論宗の碩学《せきがく》です。『日本霊異記』の著者景戒《きょうかい》は、法相宗の拠点の一つであった薬師寺の僧です。景戒は、行基が薬師寺法相宗の人であることを強調しています。また『日本霊異記』には、行基を礼讃する姿勢が随所に見られます。景戒はこの説話を紹介することによって、行基の超人的聖者像を喧伝《けんでん》し、同時に三論宗よりも法相宗のほうが優れていることを誇示しようとしたのでしょう。

智光については、本章第9項に詳しくご紹介しますが、元興寺《がんごうじ》に伝わる智光曼荼羅《ちこうまんだら》の感得《かんとく》者《しゃ》であり、また日本最初の浄土教論書『無量寿経論釈《ろんしゃく》』の著者としても知られる重要な人物です。この説話が多分に悪意を含んだものであることは明らかですが、法相宗に味方することとは決してないはずの保胤が、あえてこの話を取り上げたのは、ここに行基がやがて極楽に往生する人であることを示唆するような記述があったからでしょう。行基を往生人と判定する根拠となる、唯一の史料だったのかもしれません。この書に行基伝を載せることの意義がいかに大きなものであったかが知られます。

4 善謝・隆海——南都三論宗の碩学、阿弥陀の讃文を唱えつつ

善謝《ぜんしゃ》は俗姓不破勝《ふわすぐり》氏、美濃《みの》国不破《ふわ》郡の出身です。法相・三論をはじめ六宗《ろくしゅう》をあまねく学んだ人です。桓武《かんむ》天皇の頃、律師《りっし》となりましたが、栄達を喜ばず、ただ悟りを目指して修行していました。梵福山《ぼんふくざん》の山中で静かに余生を送り、八十一歳で極楽に往生しました。同行の夢に現れ

たということです。

＊

律師隆海《りゅうかい》は俗姓清海《きよみ》氏、摂津国の出身です。家業は漁師でしたが、摂津国の講師薬円《やくえん》に認められ、願暁《がんぎょう》律師の弟子となって三論を学びました。貞観《じょうがん》十六年（八七四）、維摩会《ゆいまえ》の講師を勤めた際には、その才覚を遺憾なく発揮しました。

晩年は神経痛に悩まされました。ある時、弟子に、「間もなく命が尽きるようだ。それまで常に極楽を念じ続けよう」と言い、毎日沐浴《もくよく》し、念仏しました。加えて『無量寿経』の要文や、龍樹菩薩《りゅうじゅ》・羅什《らじゅう》三蔵が作られた阿弥陀の讃文を唱え、その声は最期まで途絶えませんでした。坐ったまま息絶えましたので、弟子が寝かせ、頭《ず》北面西《ほくめんさい》の形に整えました。翌朝、その右手を見ると、無量寿如来の印相《いんそう》を結んでいました。火葬してもその印は崩れなかったということです。

『日本往生極楽記』第三善謝伝と、第五隆海伝とを続けて紹介しました。善謝（～八〇四）が晩年を過ごした梵福寺は奈良市鹿野園《ろくやおん》町にあり、のちに岩淵寺《いわぶちでら》の子院《しいん》となります。岩淵寺は、三論宗の碩学であり、また空海の受戒《じゅかい》の師をつとめたとされる勤操《ごんそう》（七五四～八二七）が開いた寺です。

隆海（〜八八六）は奈良元興寺に住し、願暁（〜八七四）から三論を学んだ人です。願暁は、勤操から三論を学んでいます。

善謝・隆海の伝によって、奈良末期〜平安初期の南都三論宗に、極楽願生者がいたことが確認されます。その系譜を溯ると、元興寺三論宗の智光に行き当たります。前項の行基との逸話の中に登場した人です。後に紹介します。

隆海が晩年『無量寿経』と共に唱えたという、龍樹・羅什の讃文とは、おそらく「十二礼《じゅうにらい》」と『讃阿弥陀仏偈』だろうと思われます。

「十二礼」は、迦才『浄土論』に、「禅那《ぜんな》崛多《くった》三蔵の別訳龍樹讃礼阿弥陀仏の文の如きには、十二礼あり」として引用され、また善導『往生礼讃』にも、「龍樹菩薩願往生礼讃偈」として引用された讃文です。『浄土論』『往生礼讃』は、共に奈良時代の南都《なんと》で流布していましたし、特に迦才『浄土論』は智光の『無量寿経論釈』の中に引用されています。「十二礼」は十世紀の比叡山でも盛んに用いられていましたので、保胤にとっても身近なものでした。

『讃阿弥陀仏偈』も、奈良時代に流布し、智光の『無量寿経論釈』に引用されています。現在では曇鸞《どんらん》の著述であることが確実視されていますが、古くは鳩摩羅什《くまらじゅう》の書と考えられていたようで、京都大原来迎院《おおはららいごういん》には、「羅什法師作」という撰号が付された平安時代の古写本が現存しています。

智光に始まる南都三論宗の願生極楽信仰の系譜は、善謝や隆海を経て、院政期の永観《えいかん》（ようかん）や珍《ちん》海《かい》に連なってゆきます。

5 円仁――比叡山不断念仏の創始者、手に定印を結び阿弥陀仏を念じつつ

延暦寺の座主円仁《えんにん》は、俗姓を壬生《みぶ》氏といい、下野国都賀郡《しもつけつが》の出身です。誕生の際には紫の雲がたなびいて屋根を覆うという奇瑞《きずい》があったということです。

大同《だいどう》三年（八〇八）、十五歳の時、比叡山で出家し、最澄《さいちょう》の弟子となりました。また比叡山の横川《よかわ》という幽谷《ゆうこく》の地に隠棲《いんせい》し、草庵《そうあん》を建てて蟄居《ちっきょ》すること三年、天台宗の根本実践である四種《ししゅ》三昧《さんまい》の修行をして過ごしました。その草庵は、やがて横川首楞《しゅりょう》厳院《ごんいん》と呼ばれるようになります。

承和《じょうわ》二年（八三五）、四十二歳の時、唐国に渡ってさらに学解《がくげ》を磨くようにとの勅命《ちょくめい》を受けました。三年後の承和五年に入唐し、五台山に上るなど各地の道場を巡って高徳の師を求め、顕《けん》密《みつ》の教えを学びました。帰国したのは承和十四年のことです。

阿弥陀念仏・法華《ほっけ》懺法《せんぼう》・灌頂《かんじょう》・舎利会《しゃりえ》などは皆、円仁が伝えたものです。仏教が日本に伝え

られたのは、この人のおかげによるところが大きいのです。

文徳《もんとく》天皇や清和《せいわ》天皇、淳和《じゅんな》天皇の后正子《きさきまさこ》さま、仁明《にんみょう》天皇の后順子《のぶこ》さまらが、円仁を師として、比叡山所伝の菩薩戒を授けられ、また灌頂を受けて密教の縁を結ばれました。

伝説を一つ紹介しましょう。横川に蟄居したときのことです。円仁は重い熱病に罹《かか》り、余命幾ばくもないと思われていました。ところがある夜、不思議な夢を見ます。不思議なものが天から降ってきて、それを口にしたところ蜜のように甘いのです。それは天人の用いる不死の妙薬で、「甘露《かんろ》」というものでした。そこで夢から覚めるのですが、目覚めた後も口の中に甘さが残っていました。それでたちどころに病は癒えたということです。

貞観六年（八六四）正月十四日、亡くなる日のことです。弟子の一道《いちどう》がやって来て、「唐院《とういん》師の住房《じゅうぼう》は唐院と呼ばれていました のあたりで、えも言われぬ美しい音楽が聞こえましたので、不思議に思って中に入ってみたところ、何も聞こえなくなりました」と告げました。その晩方、弟子の令祐《りょうゆう》が師の傍《かたわ》らにいると、師は南の方を指差して、「お客さまがいらっしゃった。すぐに香を焚きなさい」と命じます。令祐は、「誰もいません」と申しましたが、師はますます敬重《けいちょう》して威儀《いぎ》を正し、手に定印《じょういん》を結び、阿弥陀仏を念じて、そのまま息を引き取ったということです。

その年の二月十六日、勅命によって法印大和尚《ほういんだいかしょう》の位を贈られ、また翌年には慈覚大師《じかくだいし》の諡号《しごう》を賜りました。

『日本往生極楽記』第四円仁伝です。

円仁（七九四〜八六四）の伝記には『慈覚大師伝』や『三代実録』貞観六年正月条などがありますが、ほかにもたくさんの史料があります。たとえば在唐中の事績は、円仁自身が著した旅行記『入唐求法巡礼行記《にっとうぐほうじゅんれいこうき》』四巻によって知られますし、「舎利会」や「不断念仏《ふだんねんぶつ》」など、唐から伝えた法会については、『三宝絵詞《さんぽうえことば》』巻下の記述が参考になります。また『法華験記《ほっけげんき》』や『本朝神仙伝《ほんちょうしんせんでん》』の円仁伝、さらには『今昔物語集』巻十一などにも伝えられています。

円仁は、比叡山に阿弥陀念仏を伝えた人です。ほかにも彼の功績を挙げれば数知れずありますが、保胤が円仁を取り上げたのは、彼を比叡山における念仏の先駆者と考えたからでしょう。円仁は第三代の天台座主ですが、『日本往生極楽記』に登場する天台宗の人としては円仁が最初です。最澄や義真《ぎしん》の伝はありません。また安慧《あんね》や円珍も扱われていないのです。ちなみに最澄が「往生伝」に登場するのは、十二世紀初めに著された『拾遺往生伝』が最初です。後に紹介します。

天台宗にはもともと、四種三昧の一つとして、「常行三昧《じょうぎょうさんまい》」という阿弥陀念仏の修行が含まれていました。天台大師の『摩訶止観《まかしかん》』に示された常行三昧は、『般舟三昧経《はんじゅさんまいきょう》』に基づいて、この身のままで阿弥陀仏を目の当たりに拝もうという、現身見仏《げんしんけんぶつ》を目指す修行です。止観《しかん》を完成するための修行としての性格が強く、往生極楽を究極の目的とするものではありませんでした。日本では円仁の帰国以前にはあまり行われなかったようです。帰国後円仁は、比叡山東塔《とうとう》に常行三昧堂を建立し、仁寿元年《にんじゅ》（八五一）、そこで初めての常行三昧が修されます。それは唐の法照《ほっしょう》が五台山で修した五会念仏《ごえねんぶつ》の法式《ほっしき》を加味した、音楽法会だったと言われます。法照の浄土教は善導《ぜんどう》の流れを汲むもので、往生極楽を願う信仰に貫かれたものです。よって円仁の修した念仏は、往生を目指す修行であったと言えましょう。

円仁は貞観六年（八六四）に亡くなりますが、その翌年の八月十一日から十七日までの七日間、門弟たちが常行堂に集まり、師の遺徳を偲びつつ、念仏の法会を催します。以後その法会は「不断念仏」と呼ばれ、毎年の恒例行事となりました。

6 増命――比叡山西塔の造営者、金色の光に照らされて

延暦寺の座主増命《ぞうみょう》は、桑内安岑《くわうちやすみね》という役人の子です。安岑夫婦は、長らく子供に恵まれなかったものですから、ようやく生まれた増命を、仏さまからの授かりものとして大切に育てました。天性の優しさを備え、その上幼い頃から人並みはずれて聡明な子でした。夢の中に清ら

かな僧が現れて頭をなでられ、「悟りを目指す気持ちを失ってはなりませんぞ」と告げられた、などということが何度もあったそうです。

受戒して正式の僧侶となって以来、床《とこ》に臥《ふ》して寝たことがないというほどの努力家でした。智証大師円珍《ちしょうだいしえんちん》から天台密教の法を授けられましたが、決して驕《おご》ることなく、尋ねて来る人は、身分の上下を問わず誰でも親しく迎え入れたということです。

ある時、比叡山の頂に大きな岩が現れ、西塔《さいとう》の方に向かって舌を突き出すようにせり出してくるという、不気味なことが起こりました。高貴の僧が次々に若くして亡くなります。長老の一人が、「あの奇怪なる岩のしわざだ」と言います。これを聞きつけた増命が、山上を睨《にら》んで祈ること三日、雷が落ちてその岩はばらばらに砕け散りました。その破片はいまだにそのあたりの道端に転がっています。

宇多法王《うだほうおう》がことに尊ばれ、増命を師として大乗戒《だいじょうかい》を受けられました。その際、戒壇《かいだん》の上に紫金色《しこんじき》の光が現れ、見守っていた人々はこの上ない歓喜《かんぎ》に包まれたということです。

また、持病に苦しむ人が増命の使う鉢の飯を食べると、どんな病もたちどころに治ってしまうなどと噂されたこともありました。

少し体調を崩した日のことです。増命は、やおら房内《ぼうない》の一室をきれいに掃き清め、弟子たちに、「人としてこの世に生を受けたからには、かならず死んでゆかなければならない。私とて例外ではない。どうやら今夜らしい。御本尊阿弥陀如来様がお迎えに来てくださったようだ。お前たち、席をはずしてくれないか」と告げ、一人そこに籠《こ》もりました。その夜、増命の部屋は金色の光に照らされ、紫の雲に覆われました。きれいな音楽が空に流れ、えも言われぬ香が部屋中に満ちあふれました。増命は西方極楽浄土の方に向かって礼拝し、阿弥陀仏を念じつつ、香をたき、脇息《きょうそく》に寄りかかって、眠るようにして息絶えました。遺体を焼く煙は、ほのかな香気を漂わせたということです。

後日、醍醐《だいご》天皇の遣いが比叡山を訪れ、増命の業績を讃えて遷化《せんげ》を悼《いた》みました。この時、天皇より静観《じょうかん》という諡号を賜りました。

『日本往生極楽記』第六増命伝です。

本伝のほか、『扶桑略記《ふそうりゃっき》』や『日本高僧伝要文抄《ようもんしょう》』などにも伝があります。

増命（八四三〜九二七）は、下級官僚の子で、十三歳で出家して比叡山に上りました。十六歳で受戒し、円珍から台密《たいみつ》三部の大法を授かったのは四十三歳の時です。昌泰《しょうたい》二年（八九九）には園城寺《おんじょうじ》（三井寺《みいでら》）の長吏《ちょうり》となり、延喜《えんぎ》六年（九〇六）には天台座主にまで昇ります。本伝に述べられた臨終の模様は、延長《えんちょう》五年（九二七）十一月十日夕方から翌十一日未明にかけての出来事です。

保胤が増命を取り上げたのは、彼が不断念仏の実践者として知られていたからです。円仁の没後、不断念仏は遍照《へんじょう》（八一六?～八九〇）・相応《そうおう》（八三一～九一八）等、円仁の門弟たちに受け継がれます。増命は円珍の弟子ですが、円仁の教えも受けています。念仏は円仁から学んだのでしょう。

増命は比叡山西塔の造営に大きな功績を挙げた人です。中でも西塔に常行堂を建立したことは特筆すべきことです。寛平《かんぴょう》五年（八九三）に完成した西塔常行堂で、翌六年の八月、初めての不断念仏会が修されます。念仏が西塔に伝えられたのです。延長五年（九二七）、亡くなる年の二月には、その常行堂の四面の壁に、極楽浄土の絵を描かせたということです。

延長八年（九三〇）に摂政《せっしょう》の位につき、やがて関白となる藤原忠平《ただひら》（八八〇～九四九）は、増命と交流のあった人ですが、彼も晩年、極楽浄土の絵を描かせています。それは自身の建立した法性寺《ほっしょうじ》の御堂《みどう》を荘厳《しょうごん》するための絵だったと思われます。死期の近いことを感じ、増命に倣《なら》って往生極楽を目指そうとしたのでしょう。忠平の曾孫《ひまご》にあたる道長《みちなが》（九六六～一〇二七）は、法成《ほうじょう》寺《じ》を建てて九体の阿弥陀仏を安置します。その子頼通《よりみち》（九九二～一〇七四）の手になる平等院《びょうどういん》はあまりにも有名です。法成寺無量寿院の四方の壁にも西方浄土図が描かれていたようですし、平等院阿弥陀堂（鳳凰堂《ほうおうどう》）の扉の内側に描かれた九品《くぼん》の来迎図は今に伝わっています。阿弥陀仏信仰を題材とする華やかな美術作品は藤原文化の特徴の一つですが、増命はそのきっかけを与えた人物だったと言えます。

7 無空・済源――お金に執着すると往生できない？

律師無空《むくう》は、平素より念仏を修めていました。貧乏暮らしが長く、それでは弟子たちが困るだろうと思って、天井裏に銭を隠していました。葬式の費用にしてもらおうと思っていたのですが、それを伝える暇もなく、病気になって死んでしまいました。親しかった枇杷《びわ》左大臣藤原仲平《なかひら》の夢に、みすぼらしい格好で現れ、「銭を隠していた報いで、へビに生まれかわっています。その銭で『法華経』を書写してください」と告げました。大臣が無空の住房を探したところ、その銭が見つかりました。銭の中に小さなヘビがいて、大臣を見て逃げて行きました。大臣はすぐに『法華経』一部を書写し、供養の法会を催しました。

後日、無空が再び大臣の夢に現れました。綺麗な服装をして、喜色満面で香炉を捧げ持ち、「大臣のおかげで悪道から救われました。極楽に参ります」と言い、西方に飛び去りました。

＊

僧都済源《さいげん》は、清廉潔白で世俗に染まらず、生涯念仏して暮らしました。臨終の日のことです。部屋に香気が漂い、空からは音楽が流れてきました。可愛がっていた白馬が、跪《ひざまづ》いて涙を流しています。それを見て済源は、米五石《こく》を薬師寺に奉納し、弟子に読経《どきょう》させました。「昔、薬師寺の別当だった時、寺から米五石を借りていた。臨終にあたってそれをお返しする」と言いました。

『日本往生極楽記』第七無空伝と第九済源伝です。

無空（〜九二一）は高野山の座主を務めた人です。銭に執着したことによって悪道に堕ち、知人の追善によって極楽に往生しました。

済源（〜九六四？）は薬師寺の別当でした。平素より清廉で、米五石を返済して往生したと述べられています。『今昔物語集』にも類話が伝えられ、そこでは済源は負債を失念しており、そのために地獄から火車《かしゃ》が迎えに来たので、あわてて返済したところ、ようやく往生できたとされています。

どんな高僧でも、金銭に潔《いさぎよ》くなければ往生できないということでしょう。

8 明祐・成意——斎食の戒めを守らない者は？

東大寺の戒壇和尚《かいだんかしょう》明祐《みょうゆう》は、生涯斎食《さいじき》の戒《いまし》めを守って決して破ることなく、また毎夜仏堂に籠もって、房舎で眠ることはありませんでした。最期まで休むことなく念仏の修行をし続け、天徳《てんとく》五年（九六一）二月十八日に入滅《にゅうめつ》しました。

入滅の一、二日前から、具合が悪くて食事ができなくなりました。弟子が、「一日中何も召し上がらないのではお身体にさわります。粥《かゆ》はいかがですか」と尋ねると、明祐は、「すでに正午を過ぎている。食事の時間ではない。それに私はまもなく死ぬ。この期に及んで斎食の戒めを破ることはできない」と答え、また、「何とか生き長らえて、修二会《しゅにえ》を勤め終えて死にたいと思っていたのだ」と言いました。

十七日の夕刻、弟子たちが『阿弥陀経』を誦《じゅ》し、回向句《えこうく》まで唱え終えた後に、師を見舞ったところ、明祐は、「そのまま声明《しょうみょう》を続けてくれ」と言います。「声明の作法はすでに終わりました。何かお間違いではありませんか」と弟子が言うと、「錯乱しているのではない。確かに声明が聞こえるのだ」と言い、翌朝には息絶えました。

＊

延暦寺 定心院《じょうしんいん》の十禅師《じゅうぜんじ》成意《じょうい》は、欲のない清廉な人でした。若い頃から斎食の戒めを守らず、朝夕二度の食事をしていました。弟子が訝って、「比叡山の僧侶は皆、戒めを守って、食事は朝一度だけになさっています。なぜ師はそれを守られないのですか」と問うと、成意は、「私は若い頃から貧乏で、寺から支給される食べ物だけで生きてきた。今も食べ物をいただくたびにそれを食べることにしている。経には、心は悟りの障礙《さまたげ》となるが、食事は障礙とならないと説かれている」と答えましたので、弟子はあきれて立ち去りました。

それから数年経ったある日のことです。成意が弟子に命じて、今日の食事は普段の倍にせよ、いつもより早めに用意せよと言いますので、早朝に給仕しました。するとそのご飯を一匙《さじ》ずつ、すべての弟子に分け与え、「皆と共に食事をするのも、今日で最後だ」と言います。食事を終えて弟子に、「無動寺《むどうじ》の相応和尚《そうおうかしょう》の御房《ごぼう》へ行って、成意がただいま極楽に参ります、極楽でまたお会いしましょうと申しておりますと伝えよ。それから千光院《せんこういん》の増命和尚の御房へも行き、同じように申してこい」と命じました。弟子は戯れであると思って躊躇していました。すると成意が、「もし今日、私が死ななければ、私がでたらめを言ったことになるだけだ。お前の恥にはならない」と言いますので、弟子は両師のところへ行きました。はたして弟子が帰ってくる前に、成意は西方に向かって入滅したということです。

『日本往生極楽記』第八明祐伝と、第十成意伝とを続けて紹介しました。

明祐（〜九六一）は、『日本紀略《にほんきりゃく》』や『元亨釈書《げんこうしゃくしょ》』『今昔物語集』等にも見える人物で、『東大《とうだい》寺《じ》要録《ようろく》』戒和上次《かいわじょうし》第《だい》によると、天暦十一年（九五七）に戒和上に就任したことが確認できます。『僧綱補《そうごうぶ》任《にん》』応和《おうわ》元年（天徳五年、九六一）条に、「名祐二月十八日入滅、往生極楽云云」と記された人物と同一人だと思われ、往生人として名の知られた人だったことがわかります。

成意は、『扶桑略記』延喜十七年（九一七）条に入滅が伝えられる人物です。詳細は未詳ですが、本伝には、相応や増命との交際をうかがわせるような記述があります。

増命（八四三〜九二七）は、すでに紹介しましたように、比叡山の座主で、不断念仏の普及に尽力した人です。相応（八三一〜九一八）は『拾遺往生伝』に登場しますので、後に紹介しますが、彼も不断念仏の指導者です。よって成意は、増命や相応と共に活動した不断念仏の修行者だったと思われます。

さて、明祐は持斎堅固《じさいけんご》の人であり、法会の終了まで命を長らえたことや、音楽を感得するという奇瑞を示したことによって往生したと判断されています。逆に成意は斎食の戒めを守らなかったけれども、自らの死期をあらかじめ察知したことで往生したと判断されています。

持斎に対する両者の態度は対照的ですが、東大寺戒和上の明祐が持斎堅固だったのは当然であり、一方比叡山の大乗戒には食事の時間に関する規定はないので、成意の行為は戒律違犯ではありません。保胤がこの二人を紹介したのは、南都と比叡山の立場の違いを示して、比叡山においては、食事の時間と往生の可非とは無関係であることを言うためであったと思われます。

9 智光・頼光——阿弥陀仏の掌に示現された浄土図

元興寺《がんごうじ》に智光《ちこう》と頼光《らいこう》という二人の僧がいました。子供の頃から共に修行してきた友達でした。頼光は年老いてからというもの、人と言葉を交わさぬようになり、心ここにあらずといった様子でした。智光が不思議に思って尋ねましたが、頼光は何も答えません。そうして数年が過ぎ、頼光が亡くなりました。智光は歎き悲しみました。

「頼光は長年の親友だった。ここのところ何も言わず、修行もせず、ただ虚しく月日を過ごして死んでいった。どんな所に生まれたのか。善い所だろうか。悪い所かもしれない。何とか知りたいものだ」と。

来る日も来る日も頼光のことばかり思って過ごしていました。二、三箇月経ったある夜のこと、夢の中で、智光は頼光の生まれた所に行くことができました。どうやら極楽浄土のようです。「ここはどこだ」。智光が呟《つぶや》きますと、「極楽だよ。お前が知りたがっているんで、見せてやったんだ。早く帰れ。お前なんかの来るところじゃない」。頼光の声です。

智光が、「俺も極楽浄土に生まれたいと思っている。どうして帰ることなどできよう」と言うと、頼光は、「お前は極楽に生まれるような修行をしていないじゃないか。ここに留まることなんかできないよ」と言います。

「お前こそ何の修行もしなかったじゃないか。どうしてこんな所に生まれることができたんだ」と智光が尋ねますと、「俺の往生極楽の因縁《いんねん》を知らなかったのか。俺は昔、経典・論書を読んで、極楽浄土に生まれたいと思うようになった。しかし静かに我が身を省《かえり》みると、とても簡単には往《ゆ》けそうもない。そこで他人と交わることをやめ、言葉も絶った。寝ても覚めても、ただひたすら阿弥陀仏の御姿を思い、極楽浄土の荘厳を心に描いた。そういう修行を何年も重ねて、今やっとここへ来ることができたんだ。お前の心には乱れが多すぎるし、善行の積み重ねもまだ足りない。それじゃ極楽に生まれることなんてできないよ」と。

頼光の言う通りです。智光は愕然《がくぜん》として、ただ涙するばかりでした。そこで、「どうすれば極楽に往生できるんだい」と問いました。頼光は、「仏さまに訊《き》け」と言うやいなや、智光の手を引っぱって阿弥陀仏の前へ連れて行きました。智光は頭を地につけて礼拝し、阿弥陀仏に問いました。

「どのような善行を積めば、極楽に生まれることができるのですか」と。

阿弥陀仏は、智光におっしゃいました。

「今そなたの目の前にいる我が姿、そしてこの極楽浄土の荘厳を、心に焼き付けよ」と。

智光は、「この世界の荘厳を克明に心に刻みつけることなど、私にはとてもできません。心が及ばぬほど広大ですし、しかも一つひとつがあまりにも微細でありますから。私のような凡夫《ぼんぶ》の心ではとても把握することはできません」と申しました。すると阿弥陀仏は右手を挙げ、その掌《てのひら》に小さな浄土を示現されました。

夢から覚めた智光はすぐさま絵師に命じて、夢の中で阿弥陀仏から示された小さな浄土を図画させました。彼は一生涯その浄土図を観じつづけて、ついに極楽に往生することができたということです。


『日本往生極楽記』第十一智光・頼光伝です。

智光（七〇九〜七八〇頃）は、奈良時代を代表する三論学者です。頼光は本話以外の史料がなく、その素性は未詳です。

智光の伝は、凝然《ぎょうねん》（一二四〇～一三二一）『三国仏法伝通縁起』智光伝に詳述されますが、それ以前にはまとまった記述がなく、本伝の説話なども重要な史料だと言えます。また目録類の記録によって多くの著述があったことが知られ、『浄名玄論略述《じょうみょうげんろんりゃくじゅつ》』『般若心経述義《はんにゃしんぎょうじゅつぎ》』は現存しています。

浄土教関係の著述としては『無量寿経論釈《むりょうじゅきょうろんしゃく》』が有名です。この書は現存しませんが、平安・鎌倉時代の文献に盛んに引用されていますので、おおよその内容を知ることができます。世親《せしん》『浄土論』の註釈書で、曇鸞『往生論註』のほぼ全文を踏襲した上に、それを補う形で註釈を加えるという形式をとる文献であることがわかっています。三論宗の宗祖吉蔵《きちぞう》の説を重視し、加えて浄影寺慧遠《じょうようじえおん》や迦才《かざい》、懐感《えかん》、さらには新羅《しらぎ》時代の諸師の説にも言及しています。中国や朝鮮の先達の見解を参照し、諸説の中から自身の立場に合致するものを選びつつ、論の文を釈しています。しかし単なる祖述にとどまったのではなく、独自の見解を提示した所もたくさんあります。智光は日本で最初の、本格的な浄土教教理の研究者だったのです。

本伝は、奈良元興寺に伝わる浄土曼荼羅《まんだら》、いわゆる智光曼荼羅の縁起として伝えられた逸話です。智光曼荼羅は、一辺五十センチメートルほどの小さな絵図です。それが智光の夢に現れた阿弥陀仏の掌の大きさだったということでしょう。同じ話が、永観《えいかん》（ようかん）の『往生拾因《おうじょうじゅういん》』や『今昔物語集』巻十五、『十訓抄《じっきんしょう》』巻五等にも見えます。

智光曼荼羅の原本は、宝徳《ほうとく》三年（一四五一）に焼失したとされますが、鎌倉初期に著された『覚禅抄《かくぜんしょう》』阿弥陀の巻には、元興寺極楽坊正本《しょうほん》からの素描《そびょう》と称する図が載せられています。また元興寺には平安末の成立とされる板絵本《いたえぼん》が現存し、重要文化財に指定されていますが、それは一辺二メートルもあって、智光曼荼羅とは別系統の作品だと思われます。ほかにも多数の流布本があって、様々な講会《こうえ》で用いられたことが知られます。現在、元興寺極楽坊には明応七年（一四九八）作とされる秘仏本尊、厨子《ずし》入智光曼荼羅（重要文化財）が伝えられています。

10 延暦寺僧某甲・兼算・尋静・春素——観想念仏・称名念仏、どちらでも大丈夫

延暦寺東塔の僧某甲《それがし》は、首の下にコブがあって、色々と手を尽くしましたが治りませんでした。衣で隠していましたが、人と付き合うことも憚《はばか》られるようになって、横川首楞厳院の砂《すな》碾峰《うすのみね》という所に隠居しました。元々尊勝・千手《そんしょうせんじゅ》の陀羅尼《だらに》を唱えることを日課にしていましたが、隠居の後は阿弥陀念仏を加えました。数年経つと、コブは自然に治りました。これは仏さまのおかげだと思いました。元の生活に戻れるかもしれないけれど、余生はさほど長くはないだろ

うから、念仏して暮らすのが一番だと思い、その後も砂礪に留まりました。

一夏の間、彼と修行を共にした普照《ふしょう》という僧がいました。ある晩、普照が仲間に麦粥《むぎがゆ》を振る舞うために炊事場に居たところ、山に香気が満ち、美しい音楽が聞こえてきました。不思議に思いましたが、その日はそのまま休みました。すると夢に立派な車が現れて、砂礪から西の方に向かって飛んで行きました。僧侶や楽人《がくにん》が車の周りを取り囲んでいます。車の中を見ると、あの砂礪の僧が乗っていました。翌朝確かめてみると、彼は昨日亡くなったということでした。普照は同行の僧たちに、「私は今まさに極楽に往生するという人を見た」と言っていたそうです。

＊

梵釈寺の十禅師兼算《けんさん》は、すすんで人に施しをし、めったに怒ることのない人でした。自分は前世、阿弥陀仏に帰依した乞食者《こつじきしゃ》だったと言っていました。病の床に臥して七日後、突如元気に起き上がり、弟子に向かって、「さあ、いよいよ命の終わる時が来た。上空から美しい音楽が流れてきた。聞こえるだろう」と言い、弟子を集めて共にひたすら念仏しました。やがてまた床に臥しましたが、口には念仏をやめず、手には定印《じょういん》を結んで乱れることなく亡くなりました。

＊

延暦寺楞厳院の十禅師尋静《じんじょう》は、物惜しみをすることのない人でした。十年以上も山を下りず、昼は『金剛般若経』を読み、夜は阿弥陀念仏を勤めて、ひたすら往生極楽を願っていました。

七十歳を過ぎた正月、病の床に臥してからは、弟子に命じて日に三度、念仏三昧を修させていました。二月の上旬、弟子たちに、「大きな光に包まれた数十人の禅僧が、西方からやって来た。音楽を奏で、輿《こし》を捧げて空中に留まっている。極楽からのお迎えだろう」と告げました。五、六日の後、沐浴して身を清め、三日間食事を絶って一心に念仏しました。その際、弟子には、「水を勧めたり問いかけたりしてはならない。観念の邪魔となるから」と言い、西に向かって合掌して亡くなりました。

*

延暦寺 定心院《じょうしんいん》の十禅師春素《しゅんそ》は、生涯『摩訶止観』を読み、常に阿弥陀仏を念じて暮らしていました。七十四歳の十一月、弟子の温蓮《うんれん》に向かって、「阿弥陀如来が私を迎えたいとおっしゃっている。禅僧と童子《どうじ》とを遣わして、そう告げられた。お二人は俗人の格好で、花びらの模様の白い衣を着ていらっしゃる。来年の三月か四月だそうだ。今から米の飯はやめて、茶だけを飲むことにする」と言いました。はたして翌年四月、ふたたび温蓮を呼んで、「去年見えた遣いの方がいらっしゃった。いよいよお別れだ」と言い、その日の昼に亡くなりました。

一 『日本往生極楽記』第十二延暦寺僧某甲の伝と、第十三兼算伝、第十四尋静伝、第十五春素

伝の四段を続けて紹介しました。第十二段から第十九段まで、比叡山延暦寺の僧八名が並んでいます。次項以降に紹介する延昌《えんしょう》（八八〇〜九六四）・空也《くうや（こうや）》（九〇三〜九七二）・千観《せんかん》（九一八〜九八三）等と共に、十世紀後期に亡くなった人たちだと思われます。この部分には、保胤の身近にいた僧や、身近な人から聞き伝えた僧の伝が集められているようです。

最初に挙げた某甲は、比叡山東塔の僧で後に横川に移り住んだ念仏僧です。普照という同行の僧の夢に現れて往生を告げたということですが、その普照の伝も未詳です。

次の兼算の素性も未詳ですが、彼が住んだ梵釈寺は、桓武天皇の勅願によって建立された天台寺院で、園城寺《おんじょうじ》の付近にあったと言われます。

三番目の尋静は、花山覚慧《かざんかくえ》（〜九五四）の弟子であると註記されていますが、やはり詳細はわかりません。ただ彼が住んだという比叡山横川首楞厳院は、十世紀後期以降不断念仏の拠点となる所です。

四番目の春素も伝未詳ですが、定心院は比叡山東塔南谷にあった仁明天皇の御願寺です。四人とも延暦寺に在籍した僧です。保胤の周りには、彼らのような無名の念仏修行僧がたくさんいたことがうかがわれます。皆、阿弥陀念仏の修行者だったと述べられていますが、本項では特に兼算伝と尋静伝に見える「念仏」の用例に注目したいと思います。

『日本往生極楽記』には、随所に「念仏」という言葉が見えますが、それが観想《かんそう》念仏を指すのか、それとも称名《しょうみょう》念仏なのか、よくわからないものが多いのです。この二例には、保胤が「念仏」をどのように理解していたのかをうかがう手がかりがあります。

兼算伝には、「口には念仏をやめず」という文言が見えます。よってこの「念仏」は口に称《とな》える念仏すなわち称名念仏を意味します。尋静伝には、臨終に「一心に念仏」し、その際「観念を妨ぐること」があってはならないと言ったと述べられていますので、この念仏は観想念仏です。

保胤は天台念仏の教理を十分に理解していたでしょうから、「念仏」に観想念仏と称名念仏の両方の意味があることは熟知していたと思われます。比叡山の不断念仏は、常行堂の本尊阿弥陀仏像の周囲を行道《ぎょうどう》しながら、口には称名、心には観想の念仏をする、身《しん》・口《く》・意《い》の三《さん》業《ごう》すべてを傾けて行う修行でした。ただ当時の貴族社会では、単に「念仏」と言えば、称名念仏を意味すると理解されていたようです。

十世紀、比叡山の不断念仏が貴族社会の注目の的となり、それがきっかけで社会の広範に念仏の信仰が広まりました。十世紀半ば以降、公家の日記には不断念仏への参詣を伝える記事が頻出します。その中、藤原実資《さねすけ》（九五七〜一〇四六）の『小右記《しょうゆうき》』永延《えいえん》二年（九八八）十月二十九日条に、「不断念仏を聴聞《ちょうもん》せんがために……」という文言が見えます。貴族たちにとって不断念仏は「聴聞」すなわち念仏の声を聞かせていただく法会だったということです。修行僧の心の中には、阿弥陀仏や極楽浄土の荘厳が描かれていたのでしょうが、貴族たちには、その情景まではうかがい知ることができません。貴族たちにとって、念仏は耳に聞こえるもの、すなわち称名念仏だったのです。

11 延昌——臨終行儀の先駆者、如来の手から垂らした糸を握って

延暦寺の座主僧正延昌《えんしょう》は加賀《かが》国の出身です。仏門に入って以来、寸暇を惜しんで顕密仏教を学びました。

受戒より以降、毎夜尊勝陀羅尼《そんしょうだらに》を百回ずつ誦《とな》えることを日課とし、また、毎月十五日には、多くの僧を招いて、阿弥陀仏の徳をたたえる讃文《さんもん》を唱和したのち、極楽浄土の因縁や『法華経』の奥義に関する論義を行うという法会を催していました。

延昌は日頃から、「死ぬ前の二十一日間は、不断念仏の修行をしようと思う。その結願《けちがん》の日が私の命日となろう」と言っていました。ある夜の夢に、高貴な身なりをした優美な人が現れて、「極楽浄土に生まれたいのならば、すべての生きとし生けるもののために『法華経』を百

回書写せよ」と告げられ、寝食を忘れて写経に専念したこともありました。

天徳《てんとく》（応和の誤）三年十二月二十四日、門弟たちとともに不断念仏の行を始め、ちょうど二十一日目、翌年正月十五日に亡くなりました。

その日、延昌は身を清め浄衣《じょうえ》に着替えて本尊に向かい、「老境に入り、流転《るてん》のいのち今まさに終わらんとしております。生きて明日を迎えることはありますまい。違《たが》うことなく如来の来迎を賜り、極楽浄土に生まれることができますように」と申した後、頭北面西、右脇を下にして横たわりました。枕元には阿弥陀如来と仏頂《ぶっちょう》尊勝《そんしょう》如来の像。仏像の手から糸を引き、それを握りしめながら息絶えました。あらかじめ言っていた通りの末期《まつご》でした。

朱雀《すざく》天皇・村上《むらかみ》天皇が延昌に帰依されました。その功によって、後に慈念《じねん》という諡号を賜りました。


『日本往生極楽記』第十六延昌伝です。

延昌（八八〇～九六四）は、円仁の弟子玄照《げんしょう》に師事して天台顕密の法門を極めます。二十二歳の時、当時の座主長意《じょうい》について菩薩戒を受け、また、仁観《にんかん》・慧亮《えりょう》の門に入って密教を学びました。学徳兼備の高僧としてその名声は全山に轟《とどろ》き、天慶《てんぎょう》二年（九三九）法性寺座主、翌年内供奉十禅師《ないぐぶじゅうぜんじ》、そして天慶九年には天台座主に任ぜられます。八十五歳で亡くなるまで治山十九年、その間に僧正の位にまで昇ります。慈念僧正の謚号を賜ったのは天元《てんげん》二年（九七九）八月のことです。

本伝によって、不断念仏が臨終の行として修せられたことが知られます。糸引きの臨終行儀は、後に源信《げんしん》の『往生要集』に詳述されますが、それ以前の記録としては本伝が唯一です。本章第6項増命伝にご紹介しました関白藤原忠平は、延昌を家法阿闍梨《かほうあじゃり》として私邸に招いています。「お迎え」の信仰は、延昌から忠平に伝えられ、やがて摂関家に伝承されてゆきます。

延昌は毎夜尊勝陀羅尼を誦《じゅ》していたようです。『仏頂尊勝陀羅尼経』に説かれる陀羅尼です。除災・延命に効験《こうけん》があるということで一世を風靡《ふうび》しますが、極楽往生を願って修せられることもあったようです。『往生要集』では、『尊勝経』が極楽往生を勧める経典の一つに数えられ、往生の諸行を示す中に尊勝の呪《じゅ》が挙げられています。また『楞厳院二十五三昧過去帳《りょうごんいんにじゅうごさんまいかこちょう》』の源信伝に紹介された長和《ちょうわ》二年（一〇一三）の願文には、源信自身がそれまでに修してきた行業が列挙されていますが、その中に、「念仏二十倶胝遍《くていへん》」等と共に、「尊勝呪三十万遍」という記載があります。『仏頂尊勝羅尼経』の中に、この陀羅尼を誦して極楽浄土に生まれるという教説があるためです。

また、延昌が毎月十五日、「弥陀讃」を唱え、浄土・法華の論義を行う法会を催していたことを伝えています。その法式は、後に本伝の著者慶滋保胤が中心となって開催する勧学会や、横川の念仏僧が行う二十五三昧会《え》に継承されてゆきます。勧学会は毎年三月と九月の十五日に、二十五三昧会は毎月十五日に、やはり法華論義と阿弥陀念仏との併修という形で行われます。しかも勧学会の初修は康保《こうほう》元年（九六四）三月十五日で、延昌の没後二箇月目に当たります。まるで延昌の法会を受け継ぐかのように始められるのです。保胤の勧学会は、延昌の行実《ぎょうじつ》にヒントを得たものだと言えます。保胤が同時代の先輩延昌を尊崇《そんすう》していたことがうかがわれます。

さて、延昌が毎月十五日に諸僧と唱和したとされる「弥陀讃」ですが、具体的に何を唱えたのかは不明です。推測の域を出ませんが、本章第4項に紹介した「十二礼」の文ではないかと思います。ほかにも龍樹の『十住毘婆沙論《じゅうじゅうびばしゃろん》』「易行品《いぎょうぼん》」中の頌《じゅ》をはじめとして、当時流布していたと思われる「弥陀讃」はたくさんありますが、源信が著したと言われる『二十五三昧式』によりますと、二十五三昧会では「十二礼」が用いられていたようで、その形式の法会は現在にまで伝えられているのです。

12 空也——京の人々に南無阿弥陀仏を教えた聖者

空也《くうや》（こうや）の出自は不明です。彼は隠遁者《いんとんしゃ》なのです。皇室の出だと噂する人もありました。口には常に南無阿弥陀仏と称《とな》えていましたので、「阿弥陀聖《あみだひじり》」と呼ばれていました。また、京の町なかに住んで人々に仏法を弘めましたので、「市聖《いちのひじり》」とも呼ばれました。

険《けわ》しい道があればすぐに切り開いて人馬を通し、橋のない川には橋をかけ、水の乏しい村では井戸を掘りました。空也の掘った井戸は「阿弥陀の井」と呼ばれています。

播磨《はりま》国揖穂《いぼ》郡の峰相《みねあい》寺に長年籠もって、一切経を読破しました。難しい所は、夢に仏が現れて教えてくださったということです。

阿波《あわ》国と土佐《とさ》国の境目あたりの海上に、湯島《ゆしま》という小さな島があります。観音の像があって霊験あらたかだと言われていた所です。空也はそこを訪れ、自分の腕の上で香を焼き、七日間眠ることなくじっと心をこらしておりますと、ついに観音像が光を放ち、目を閉じてもはっきりとその姿が見えるようになったということです。

ある時、鍛冶《かじ》職人が給金を貰って家に帰る途中、空也に出遇いました。

「懐中《かいちゅう》にいささかの金を持っておるのですが、日が暮れてまいりましたし、家は遠いし、道中心配でなりません」と言います。

空也は、「南無阿弥陀仏、南無阿弥陀仏……と念仏しながら歩きなさい」と教えました。はたして帰途、追い剝ぎに遭ったのですが、空也に教えられた通り一心に仏を念じておりますと、追い剝ぎは、「おや、市聖様か……」と言って、そのまま立ち去ったということです。

西の京に年老いた尼僧がおりました。かつては大和介伴典職《やまとのすけとものりもと》の妻で、空也を師と仰ぎ、生涯念仏して暮らした人です。ある時、空也に頼まれて法衣のほころびを繕《つくろ》っていたのですが、繕い終えて遣いの者に届けさせる際に、「我が師は今日お亡くなりになります。急いで届けてください」と言います。遣いの者が帰って、空也の往生を伝えましたが、一向に驚くふうでもありません。まわりの者は不思議に思いましたが、この老尼には師の往生がはっきりと予見できたのでしょう。

亡くなる日のことです。新しい法衣に着替えた空也は、柄香炉《えごうろ》を捧げ持ち、西方に向かって端座《たんざ》して、弟子たちに向かい、「阿弥陀仏がたくさんの菩薩と共に、私を迎えに来てくださった」と告げました。息絶えた後も、しばらく柄香炉をささげ持ったままでした。その時、天空から音楽が聞こえ、香気が部屋に満ち溢れたということです。

嗚呼《ああ》、この世の縁尽きて、極楽に帰られたのです。天慶年間、空也が教えを説くまでは、京の町で念仏する人などめったにありませんでした。愚かな者どもは、むしろ念仏を忌み嫌っていたのです。空也が京の町にやってきて、自ら念仏を唱え、人々にも念仏を唱えることを勧めたのです。「南無阿弥陀仏」が人々の口から出るようになったのは、その時からです。空也上人のおかげなのです。

『日本往生極楽記』第十七空也伝です。

空也（九〇三〜九七二）は、時に「弘也」「公也」「公野」とも書かれますので、「こうや」と読むべきだと言う人もいます。

円仁の帰国以来、比叡山東塔で修せられるようになった不断念仏は、すでに紹介した増命や、後に紹介する良源等の尽力によって西塔や横川へも広がり、やがて貴族社会から注目されるようになります。良源は藤原忠平やその子師輔《もろすけ》（九〇八〜九六〇）の帰依を得、摂関家の支援によって比叡山延暦寺の復興を成し遂げました。摂関家出身者が山上で高位を占めるようになるのはその頃からです。比叡山の不断念仏はそのような情勢下で発展してゆくのです。

一方では、それに反発する人もいたようです。千観・増賀・源信、それに本伝の著者保胤もその一人です。世俗の権勢を比叡山上に持ち込むことに反発した保胤が、最も高く評価したのが、この空也でした。空也の念仏は「山の念仏」とは対照的に、京の町、人ごみの中に浸透してゆきます。念仏の教えは、人里離れた山上や、きらびやかな貴族のサロンでよりも、むしろ愚かな人々のうごめく雑踏の中で示されてこそ真価を発揮するものだと言えましょう。権力に背を向けた聖・空也が、都の人々の口に南無阿弥陀仏を届けたと言うのです。

ただし空也の活動は、貴族社会と無縁のものではありませんでした。空也の活動を支えたのは、藤原忠平の四男師氏《もろうじ》（九一三～九七〇）です。師氏の葬儀の導師を勤めた空也は、表白《ひょうびゃく》の中で閻羅王《えんらおう》に対し、「師氏は私の友人なので判決に手心を加えてくれ」と言ったそうです。また応和三年（九六三）八月に賀茂《かも》の河原《かわら》で行われた大般若供養会《だいはんにゃくようえ》は、空也が十数年にわたって取り組んできた写経勧進活動が実を結んだものですが、この法会に忠平の嫡男《ちゃくなん》左大臣実頼《さねより》（九〇〇～九七〇）が列席していたことがわかっています。

さらに、『小右記』によりますと、空也の没後、弟子の義観が藤原実資を訪れ、空也の錫杖《しゃくじょう》・金鼓《きんこ》を奉ったということです。『小右記』の著者実資は、実頼の養子となって小野宮家《おののみやけ》を継いだ人物です。空也とその一門が、小野宮家の支援を受けていたことがうかがわれるのです。

ところで空也の主宰した大般若供養会は、良源が企画した応和宗論《しゅうろん》と全く同時期に実施されています。大般若供養会は民衆の安穏を願う清らかな聖《ひじり》の活動、応和宗論は貴族を利用して名利《みょうり》を勝ち取るための策略と評され、対照的に見られています。しかし空也の支援者と見られる実頼は、師輔没後の政府の最高実力者であり、良源を支えた師輔の遺児たちにとっては最大の政敵であったことを考えると、同時に開催されたこの二つの法会には、宮廷の二大陣営の対抗というような意味合いが潜んでおり、そこには僧侶とその信者である貴族との相互依存的な関係という、共通の素地を見出すことができるのです。

十世紀ともなれば、官僧であれ遁世僧《とんせそう》であれ、有力な檀越《だんおつ》の外護《げご》なくしては十分な活動を望めないような状況にあったことでしょう。聖といえども、貴族社会から隔絶されていたのではないということを認識しておくべきだと思います。

13 千観——朝廷の職を辞し、箕面・高槻で念仏勧進

延暦寺の阿闍梨千観《せんかん》は、橘氏の出身です。長らく子宝に恵まれなかった母が、ひそかに観音菩薩に願をかけたところ、夢に現れて蓮華を一茎授けられました。ほどなく懐妊し、千観が生まれたということです。人をいたわる気持ちが強く、怒りの表情など見せたことのない、やさしい若者に成長しました。

比叡山に上り、顕密の教えを学び尽くしました。食事の時以外に机の前から離れることはなかったということです。

阿弥陀仏の徳を讃える二十首余りの和讃《わさん》を作りました。すると京のみならず津々浦々の、老人も若者もこぞってその歌を愛唱し、それによって多くの人が往生極楽の結縁にあずかりました。

ある時、千観は夢を見ました。尊い僧が現れて、「深い信心をお持ちですね。間違いなく極楽の上品《じょうぼん》の蓮台に迎えられることでしょう。それにまた、数えきれないほどの善行を積んでこられました。弥勒菩薩がこの世で仏になられるときには、その説法の会座《えざ》に着かれることでしょう」と告げました。

千観は、八箇条の起請文《きしょうもん》を作りました。山内の僧侶に対して、日常の規範を示したものです。また、十大願《じゅうだいがん》を発《おこ》して多くの人を導きました。亡くなる際には、手にその十願の文を握りしめ、口に「南無阿弥陀仏」の名号を称《とな》えていたということです。

権《ごん》中納言藤原敦忠《あつただ》の長女が、千観を師と仰ぎ、長く教えを受けていました。彼女は日頃から、「お師匠さまがもしも先にお亡くなりになったならば、必ず私の夢に現れて、往生なさった所をお示しくださいね」と申しておりました。はたして千観が亡くなった直後、彼女は夢を見ました。蓮華の船に乗り、昔作った阿弥陀の和讃を唱えつつ、西へ西へと向かう師の姿でした。

『日本往生極楽記』第十八千観伝です。

千観（九一八～九八三）は、園城寺《おんじょうじ》の碩学で、内供奉十禅師の位にまで昇った人です。天皇の側近に仕える僧でした。四十歳以降は隠遁生活に入りますが、その後も貴族からの信奉は厚く、村上天皇の妃だった荘子女王《たかこじょおう》や藤原祐姫《すけひめ》の出家の戒師を務め、源為憲《ためのり》（～一〇一一）と書簡を交わし、藤原敦忠や源延光《のぶみつ》の一族とも交流するなどの事績が伝わっています。天台教学の研究者としても有名で、『法華三宗相対抄《そうたいしょう》』五十巻という大部の書をはじめ、多くの著作が伝えられています。本文中に言及された阿弥陀和讃は、日本で最初の和讃で、

娑婆の界《さかい》の西の方《かた》　十万億の国すぎて
浄土はありつ極楽界　仏はいます弥陀尊

等の歌が伝わっています。また八箇条起請は、戒律を守り、怠ることなく修行につとめよ、世俗の欲望を絶ち切って、ひたすら極楽往生を願って生きよ等の誡《いましめ》を記したものです。

十大願は、極楽への往生を願い、一切衆生の済度《さいど》を誓った、千観自身の菩提心の内容であると言えます。極楽に往生した後は、娑婆《しゃば》世界に還来《げんらい》して、有縁《うえん》の衆生《しゅじょう》を導こうと誓われています。薬師如来のように末世《まっせ》の衆生の苦を取り除こう、地蔵尊のように六道の衆生に代わってその苦悩を受けよう、阿弥陀仏のように有縁の衆生を浄土に招き入れよう、文殊師利のように大乗の菩薩をたすけてその修行を完成させよう、そして、観世音のように迷える衆生

を救い尽くすまでは成仏しないと述べられています。この十大願に自ら註釈を施した『十願発心記《じゅうがんほっしんき》』が現存しています。

同時代の良源は、慈覚大師円仁の門流を名のり、藤原摂関家の援助を得て、比叡山延暦寺の復興を成し遂げ、天台座主さらには大僧正に任ぜられます。一方千観は、園城寺を本拠とする智証大師円珍の門流に属します。学問的には良源に並ぶほどの力量を持ちながら、四十歳を過ぎた頃、名利に背を向けて、摂津国箕面《みのお》の山中に隠遁します。後には高槻《たかつき》の金龍寺《こんりゅうじ》に移って権力の座には就かず、往生極楽を目指して、学問修行と衆生教化とに精励《せいれい》したのです。良源が応和宗論への出仕を求めた時にも、千観は辞退して隠遁生活を貫きました。

千観が遁世したのは、空也の導きがあったためだという説があります。ある時、朝廷に出仕しての帰途、四条河原で空也に出遇った千観が、後世《ごせ》のたすかる道を問うたところ、空也は、「それはさかさまです。そんなことはあなたのような高僧にこそたずねるべきこと。私などはただ迷っているばかりです」と言って立ち去ろうとしました。千観がその袖をつかみ、重ねて問うと、「いかにも身を捨ててこそ」とだけ告げて足早に行き過ぎました。千観はこの一言を聞くや、装束《しょうぞく》を脱ぎ捨て、従者を皆帰らせて、一人箕面の山中に向かったということです。鴨長明《かもちょうめい》の『発心集《ほっしんしゅう》』に記された話です。

本伝の作者保胤が良源の権力志向に反感を持っていたらしいことは、前項でも触れました。

保胤が評価したのは、千観のような清廉《せいれん》の極楽願生者だったのです。

14 明靖——地獄の炎を消す秘訣は？

延暦寺の明靖《みょうしょう》は、若い頃から密教の修法に従事し、また阿弥陀念仏の修行者でもありました。晩年、病気になったとき、弟子の静真《じょうしん》を呼んで言いました。「遠くに地獄の炎が見える。念仏して逃れるよりほかに方法はなかろう。みんな私と共に念仏三昧の修行をしてくれ」と。

そこで寺中の僧を枕元に集めて仏号を唱えさせました。しばらくするとまた静真を呼び、「炎がようやく消えて、西方から月の光が差し込んできた。阿弥陀仏の来迎にちがいない」と言います。臨終の日には、力を振り絞って沐浴し、西に向かって息絶えました。

『日本往生極楽記』第十九明靖伝です。

明靖は、明請とも記され、十世紀後期に活躍した台密僧です。弟子の静真も台密僧として有名な人です。臨終に地獄の相を見たので、弟子たちと共に念仏三昧の修行をしたところ、来迎を感得したということです。皆に仏号を唱えさせたとありますので、彼が臨終に勤めた念仏は称名念仏だったことがわかります。

十世紀末の比叡山では、称名念仏には滅罪の効果が絶大であるという教えが強調されていました。『観無量寿経』によりますと、善師の教えに順って臨終に十遍「南無阿弥陀仏」と称えたならば、阿鼻《あび》地獄の因とされる五逆の罪でさえも滅せられて、極楽に往生できると説かれています。良源・千観・禅瑜・源信等がこの教説に注目し、様々に議論しています。

『楞厳院二十五三昧過去帳』に、次のような話が伝えられています。

貞久《じょうく》（〜九八七）は、臨終に大苦に逼《せま》られ、仏の救いを願って、大声で念仏を称える「高声《こうしょう》念仏」をしていました。臨終が近づいた時、看病人が心中を尋ねたところ、貞久は、「私が臥せっている地面には、猛火が充満して、我が身を焼いています。皆さん方の所もそうですか」と言いました。皆が事情を察して、「そんなことはないよ」と言うと、貞久は、「それならば私はもう死んで、地獄に堕ちたということなのですね」と言います。結衆《けっしゅ》は皆涙を流し、共に声を合わせて念仏すること数十遍を終えた時、貞久の声が一旦途絶え、しばらくして、「誰かが私を火の穴に追い込んだのですが、念仏のおかげで火が消えました。これで最期です。詳しくお話する時間はありません。ただ念仏してください。ほかには何も言えません」と言いました。皆は悲喜こもごもで、涙を流して念仏し、貞久は息絶えました。

保胤の周囲には、称名念仏の功徳によって地獄の罪を滅ぼした人もいたことが知られます。

15 真頼・広道——極楽への往生を目指した真言行者

石山寺の真頼《しんらい》は、内供奉十禅師淳祐《じゅんゆう》に師事して真言を学んだ人です。受法以来何年も、朝昼晩三度の勤行《ごんぎょう》を怠ることは一度もありませんでした。命終わる日、一番弟子の長教《じょうきょう》を呼んで、「今日死ぬので、まだお前に教えていなかった金剛界の印契《いんげい》や真言などを、すべて伝授する」と言い、沐浴して授けてくれました。その後弟子たちに、「今からこの寺を出て、山寺に移り住もうと思う」と告げました。弟子たちが車に乗せて山寺に到着すると、すぐに西に向かって阿弥陀仏を念じながら息絶えました。寺僧真珠《しんじゅ》が夢を見ました。真頼が何十人もの僧や童子に迎えられ旅立ってゆくところでした。

＊

大日寺《だいにちじ》の広道《こうどう》は橘氏の出身です。数十年来、ひたすら極楽への往生を願って、世俗に関わらない生活をしていました。寺の近くに貧しい老女が住んでいました。二人の子がありました。共に天台僧となり、兄を禅静《ぜんじょう》、弟を延睿《えんえい》といいました。母が亡くなり、二人の子は心を一つにして、昼は『法華経』を読み、夜は阿弥陀仏を念じて、母が極楽に往生することを願いました。ある日広道が夢を見ました。極楽寺と貞観寺の間に音楽が響きわたったので、驚いてそちらを見ると、三つの車があり、それを何千人もの僧が香炉を持って取り囲み、亡くなった母の家へ行き、天衣《てんね》を着せて連れ帰ろうとしていました。そして兄弟の僧に向かって、「お前たちが母のために心を込めて修行したので、迎えに来た」と告げました。その夢の中で、広道自身も往生を約束されました。しばらくして広道が亡くなりましたが、その日は空から音楽が鳴り響き、付近の道俗が皆歓喜して、仏道を目指す心を発したということです。

『日本往生極楽記』第二十真頼伝、第二十一広道伝です。

真頼は後に登場する尼某甲の祖先で、真頼の妹も往生人だったということですが、詳細は未詳です。ただ師匠の淳祐（八九〇～九五三）は有名な真言僧です。観賢《かんげん》（八五四～九二五）に師事して東密を学び、内供奉十禅師にまで昇った人です。

広道伝に登場する兄弟は天台僧ですが、広道は真言僧だったと思われます。大日寺の詳細は不明ですが、広道の夢に出てくる極楽寺や貞観寺は真言寺院です。殊に深草貞観寺はよく知られていて、開基の真雅《しんが》（八〇一～八七九）は、空海の実弟で、後に空海に学び、貞観寺を建てて真言宗の拠点とし、真然《しんぜん》（～八九二）や源仁《げんにん》（八一八～八八七）を育てた人です。

真頼と広道は、保胤と同時代の人だったと思われます。十世紀後期の真言僧の中に、阿弥陀念仏を修して極楽への往生を目指した人がいたことを伝えているのです。

16 勝如——賀古の沙弥教信から学んだ称名念仏

摂津国島下（豊島の誤）郡勝尾寺《かつおうじ》の勝如《しょうにょ》は、境内に別に草庵を建てて暮らしていました。十年以上も人との会話を絶ち、弟子にもめったに顔を見せませんでした。

ある日、夜中に戸をたたく音がしましたが、無言の行を貫いて何も言わず、ただ咳をして、人のいることを知らせました。すると訪ねてきた人が、戸の外から、「私は播磨国賀古《かこ》郡賀古駅《うまや》の北に住む沙弥教信《きょうしん》と申します。本日極楽に往生させていただきます。あなたにも何年か後に極楽からお迎えがあるでしょう。そのことをお知らせするために参りました」とだけ言って立ち去りました。

勝如は驚き、また不思議に思って、翌朝弟子の勝鑑《しょうかん》を播磨国賀古に遣わし、事の真偽を確かめさせました。やがて勝鑑が帰って来て報告しました。

「駅家《うまや》の北に竹の庵があり、その前に遺体がありました。犬が群がってむさぼり食っています。庵の中に年配の女と子供がいて、二人で泣いていました。何を悲しんでいるのですかと問いますと、女が答えて、〈これは私の夫で、沙弥教信と申します。生涯、昼夜を分かたず阿弥陀仏の名号を称《とな》えて暮らしておりました。村の人は皆、阿弥陀丸と呼んでいました。この婆をのこして死んでしまいましたので、悲しんでおります。この子は教信の子です〉と言いました」と。

それを聞いて勝如は、自分が修めてきた無言の行よりも、教信が勤めた念仏のほうが勝れていると思いました。以来勝如は、村々を巡って、自ら念仏し、また人に念仏を勧めました。ついには往生を遂げたということです。

――『日本往生極楽記』第二十二勝如伝です。

沙弥教信の行業に学んだ勝如（〜八六七）が称名念仏によって往生したという話です。本伝は『今昔物語集』に受け継がれ、そこでは教信伝となっています。

沙弥教信は、在家の念仏行者で、生涯称名念仏だけをして往生したと言われる人です。教信を紹介した史料は本伝が最初です。保胤が特に尊敬した人物だと思われます。本伝に見える教信の念仏は、弥陀の号を称える念仏、すなわち称名念仏です。ここでも保胤は、「念仏」という言葉を、「称名念仏」の意で用いています。

教信の行業は、後に紹介する永観《えいかん（ようかん）》（一〇三三〜一一一一）が、著述『往生拾因《おうじょうじゅういん》』の中で高く評価したことによって、一躍注目を集めるようになります。『往生拾因』には、本伝の記述を増広《ぞうこう》したような詳しい話が紹介されています。勝如の生い立ちが、誕生の経緯にまで遡って詳述され、また教信が訪れて往生を告げた話は、勝如が亡くなるちょうど一年前の貞観八年（八六六）八月十五日のことであると記されています。

称名念仏一つで往生した教信は、親鸞や一遍からも尊崇されています。覚如《かくにょ》の『改邪鈔《がいじゃしょう》』によると、親鸞（一一七三〜一二六二）は後世者《ごせしゃ》の振る舞いをする者を批判し、常々自分は賀古の教信沙弥のような生き方をすると言っていたということです。親鸞にとって教信は、家庭生活を営む念仏行者のお手本だったのでしょう。

一遍（一二三九〜一二八九）は、弘安九年（一二八六）冬から翌十年春にかけて播磨を訪れ、教信の古跡である印南野《いなみの》の教信寺や、性空のいた書写山円教寺《しょしゃざんえんきょうじ》を参詣しています。特に教信への追慕の念が深く、『一遍聖絵《ひじりえ》』には、一遍が臨終間際に、「いなみ野で臨終を迎えたい」と言ったと伝えられています。

17 箕面の僧・平珍・増祐・玄海——保胤が身近に見聞した天台僧の往生

摂津国豊島《てしま》郡箕面の滝の辺にあった大きな松の樹の下に、一人の修行僧が住んでいました。八月十五日の夜、名月の光の中、天上より音楽が流れ、櫓《ろ》を漕ぐ音がしました。樹の上で人の話し声がします。

「私を迎えに来られたのか」。

「今日は別の人を迎えに来た。貴方を迎えるのは来年の今夜だ」と。

やがて音楽が遠ざかってゆきました。そこで樹下の僧は樹上の人に尋ねました。

「今の声は何ですか」と。

すると樹上の人は、「四十八願の筏《いかだ》の声です」と答えました。樹下の僧は翌年の十五夜を心待ちにしていました。はたしてその日、美しい音楽が聞こえて、樹上の人が迎えられ、極楽に往生しました。

＊

方広寺《ほうこうじ》の平珍《びょうちん》は、若い頃から修行に励み、晩年には自ら建てた寺に住んでいました。境内《けいだい》の別房の壁に極楽浄土の荘厳を刻み、常に礼拝を捧げていました。平素から、「死ぬ時は威儀を正して、極楽に往生したい」と言っていました。臨終の時には、弟子たちに念仏三昧の修行をさせました。

「音楽がすぐ近くに聞こえる。如来がお迎えに来てくださったのだ」と言い、浄衣に着替えて念仏しながら息絶えました。

＊

僧増祐《ぞうゆう》は、播磨国賀古郡の人です。若い頃に上京して如意寺《にょいじ》に入り、念仏読経して暮らしていました。天延《てんえん》四年（九七六）正月、小さな腫《は》れ物ができ、食事ができなくなりました。ある人の夢に、境内の西の井戸のほとりに三台の車が現れ、尋ねてみたところ、人が降りてきて、「増祐上人を迎えに来ました」と言います。後日また同じような夢を見ました。以前は井戸のほとりにあった車が、今度は御房の前に移っていました。その月の三十日、増祐が弟子に、「いよいよ死ぬ時が来た。葬儀の用意をせよ」と言いました。その言葉を聞いて寺中の僧が集まり、増祐と共に仏教の枢要《すうよう》とも言うべき無常の教えについて語り合いました。夕方になって、増祐は弟子に抱えられ、用意された葬儀の場に向かいました。寺から五、六町の所に、弟子たちがあらかじめ大きな穴を掘っていたのです。増祐はその穴の中で、念仏しながら息絶えました。その時、寺の南の方から、二十人程の人が大声で南無阿弥陀仏と称《とな》える声が聞こえました。驚いて見に行きましたが、そこには誰もいませんでした。

＊

陸奥《むつ》国新田《にいた》郡小松寺《こまつじ》の玄海《げんかい》は、年取ってから妻子と別れて僧となった人です。毎日『法華経』一部を読み、夜は大仏頂《だいぶっちょう》真言《しんごん》を七遍唱えることを日課としていました。ある日夢を見ました。左右の脇から羽が生え、西に向かって飛んで行く夢です。たくさんの国を過ぎて、七宝の池に到着しました。ふと自分の身体を見ると、左の翼は大仏頂真言、右の翼は『法華経』第八巻でできていました。見渡せば、宝玉の楼閣《ろうかく》がきらきらと輝いています。清らかな僧が現れて、「あなたは今、極楽の片隅にいます。一度お帰りなさい。三日後に迎えに行きます」と告げ、その言葉を聞いた瞬間に玄海は娑婆に帰って来ました。弟子たちは、師が死んだと思って悲しみ泣いていました。蘇生した玄海はいよいよ経や真言の読誦に努め、三年後に遷化しました。自ら死期を察知していたということです。

『日本往生極楽記』第二十三箕面の僧の伝、第二十四平珍伝、第二十五増祐伝、第二十六玄海伝を続けて紹介しました。

滝辺の樹下に住む僧は名前もわかりませんが、前項の勝如に続いて箕面の人です。保胤は、箕面に隠遁した千観と交流があったと思いますので、この話は千観から聞き伝えたものかもしれません。

次の平珍も伝未詳で、方広寺の所在もわかりません。ただ堂に極楽浄土の荘厳を刻んだということから、この堂が不断念仏の道場であり、彼が天台の念仏僧だったことが推察できます。

増祐も詳細不明ですが、京都の如意寺は天台宗園城寺の末寺で、白川《しらかわ》東山《ひがしやま》にあります。彼は弟子が掘った穴の中で、「念仏」して息絶え、その念仏に呼応するように高声《こうしょう》念仏《ねんぶつ》の声が轟いたと述べられています。よって彼が修したのは称名念仏だったと思われます。

最後の玄海も伝未詳です。ただし『法華経』を読み、大仏頂真言を唱えていますので、彼が天台僧だったことは確実です。文中に、極楽の三日が娑婆の三年に当たることが示唆されています。これは、楽しい時間は速く過ぎ、苦しい時間は長く感じるという、仏教の時間観に基づく表現ですが、たとえば源信の『往生要集』には、『華厳経』に見える、娑婆世界の一《いっ》劫《こう》が極楽世界の一日一夜に当たるという説が紹介されています。

この四人の伝は、保胤が身近に見聞した人々のことを書き留めたのだと思います。

18 真覚——官僚出身の台密僧、龍頭の舟に迎えられ

延暦寺の真覚《しんがく》は、権中納言藤原敦忠の四男です。宮廷に出仕して、右兵衛佐《うひょうえのすけ》などを歴任しました。康保四年（九六七）に出家し、金剛《こんごう》・胎蔵《たいぞう》両界の法や阿弥陀供養法など密教の修法を学び、毎日三度の勤行を生涯続けました。

臨終が近づくと、やや病がちになりました。同行の僧に、「尾の長い、白い鳥がやってきて、〈いざ行かん、いざ行かん〉と言い、西に向かって飛び去った」「目を閉じると、極楽の荘厳がありありと浮かんでくる」などと告げたということです。

亡くなる日には、「十二年間に積み重ねた修行の成果を、本日すべて極楽に回向する」と誓願しました。亡くなった日の夜、三人が同じ夢を見ました。貴人の乗る龍頭の舟に、たくさんの僧侶が乗り、真覚を迎えて飛び去るという夢でした。

——『日本往生極楽記』第二十七真覚伝です。来迎を想起させる鳳凰《ほうおう》のような鳥や、極楽の荘厳

を感得《かんとく》し、また死後に知人の夢に現れたことをもって往生の証拠とされています。

真覚（〜九七八）は俗名を佐理《すけまさ》と言います。三蹟の佐理とは別人です。真覚は、藤原敦忠の四男で、千観に帰依したとされる女性は彼の姉です。本章第13項に紹介しました。

天禄《てんろく》二年（九七二）、園城寺の別院として建立された京都岩倉の大雲寺は、真覚を開基とします。後に慈覚門徒の圧迫を受けて比叡山を追われた余慶《よけい》が入寺し、智証門徒の拠点となる寺です。大雲寺には、真覚の姉の夫である、源延光《のぶみつ》（九二七〜九七六）が建立した堂もあり、延光が真覚の外護者であったことが知られます。延光は、中務卿代明《よりあきら》親王の三男で、醍醐天皇の孫に当たり、枇杷大納言と号して村上天皇の信任厚く、兄の重光《しげみつ》・保光《やすみつ》とともに延喜の三光と称された人物です。ことに藤原実頼との関係が深く、反師輔陣営の一人と目されます。

保胤が高く評価した空也や千観が、師輔と結んだ良源に反発していたことはすでに紹介しました。真覚は、延光の援助によって智証門徒の寺を造営したのですから、その意味では、反良源派のメンバーの一人だったと言えます。保胤を取り巻く人々の傾向がうかがい知られましょう。

19 沙弥二人——無名の沙弥にもお迎えが

沙弥《しゃみ》薬蓮《やくれん》は、信濃《しなの》国高井《たかい》郡中津《なかつ》村の如法寺に住んで、生涯『阿弥陀経』を読誦し、南無阿弥陀仏と称《とな》えつつ、一男一女と共に暮らしていました。ある日、二人の子に、「明日早朝に極楽に参る。衣を洗濯し、身体を洗いたい」と言いましたので、子らはその通りにしました。夜になると、薬蓮は衣を着替えて、一人仏堂に入り、「明日の正午までは戸を開けてはならない」と言いました。

夜が明ける頃、仏堂から美しい音楽が聞こえました。午後になって戸を開けてみると、遺体はなく、所持していた経典もなくなっていました。

＊

沙弥尋祐《じんゆう》は、河内《かわち》国河内郡の人です。家族と離れて和泉国松尾の山寺に住み、常に阿弥陀仏を念じて暮らしていました。また印仏作法《いんぶつさほう》と言って、紙に印刷した仏を香炉で焼いて供養する修法を行っていました。慈悲の心厚く、施しの心の深い人でした。五十歳を過ぎた正月一日、突如頭痛を訴えました。その日の夜、大きな光が山をくまなく照らして、草木が昼間のようにはっきりと見えたかと思うと、尋祐は息絶え、やがて光が消えました。その日は行事があり、山寺に集まっていた人たちは、皆その様子を見て感激しました。翌朝、ふもとの村人たちは、昨夜目にした山寺の大きな光のことを噂して、「何の光だ」「火事か」などと言い合いましたが、尋祐が亡くなったと聞き、皆感激しました。

『日本往生極楽記』第二十八薬蓮伝と第二十九尋祐伝です。第二十七段までは僧伝でしたが、本伝以下、沙弥二人、尼僧三人、在家の男四人、女六人の伝が挙げられています。『日本往生極楽記』の末尾には、

　都盧《すべて》四十五人。菩薩二所、比丘《びく》二十六人、沙弥《しゃみ》三人、比丘尼《びくに》三人、優婆塞《うばそく》四人、優婆夷《うばい》七人。

と記されています。菩薩二所は聖徳太子と行基です。比丘二十六人は第三円仁から第二十七真覚までですが、第十一は智光・頼光の二人なので合わせて二十六人になります。沙弥三人は本項の二人に、第二十二勝如伝に出る沙弥教信を加えると言われています。比丘尼・優婆塞・優婆夷は次項以下に紹介します。本伝に挙げられた優婆夷は第三十七から四十二までの六人ですが、第三十二尼某甲伝に登場する真頼の妹を加えて七人とすると言われています。

薬蓮は死ぬまで家族と共に暮らしています。それは第二十二段の教信と同じですが、次の

尋祐は晩年家族と別れています。家族の有無は往生の可否とは関係ないということです。

薬蓮が示した奇瑞の中、遺体や経典が消えたことは、聖徳太子伝にも見えた「尸解仙《しかいせん》」を思わせるような、「往生伝」としては珍しい記述ですが、それ以外の、死期の予見や光などは、僧伝と変わらないものです。平生の行業と往生の奇瑞との間には、特に関連はないと考えてよいでしょう。

20 尼僧三人——境遇も修行の内容もまちまち

一人目の尼僧は、光孝天皇の孫に当たります。若い頃に結婚して、三人の子がありましたが、次々に亡くなりました。やがて夫も亡くなり、無常を感じて尼僧となりました。

斎食の戒めを守って暮らしていましたが、年をとって腰痛になり、立ち座りにも支障をきたすようになりました。医者は、「疲労だから、肉を食べないと治らない」と言いましたが、彼女は命を惜しむことなく、いよいよ念仏の修行にいそしみました。そうするうちに自然と病は癒えたようです。

生来穏和で慈悲深い人でした。蚊に食われても、じっとしていました。五十歳を過ぎた頃、軽い病にかかりました。その時、空から音楽が聞こえてきたので、村人は驚き怪しみました。尼僧は、「仏が迎えにいらっしゃった。今から参ります」と言い、その言葉が終わると同時に息絶えました。

＊

二人目の尼僧は大僧都《そうず》寛忠《かんちゅう》の姉です。生涯独身で、遂に出家しました。兄の僧都が寺に迎えて面倒を見ていました。老境に入り、ひたすら阿弥陀仏を念じて暮らしました。

ある日、尼僧が僧都に、「あさって極楽に参ります。それまで不断念仏を修したいと思います」と告げました。僧都は寺の僧を集め、三日間、皆で念仏三昧の修行をしました。三日目のことです。また僧都を呼んで、「西方から宝玉の輿が飛んできて、今私の前に止まりました。でも仏・菩薩は、汚れの多い私の姿を見て帰って行かれました」と涙ながらに語り、僧都に頼んでさらに二度、経を唱えてもらいました。すると翌日、「仏・菩薩が再びおいでくださいました。往生の時です」と言い、机に寄り掛かり、念仏して息絶えました。

＊

三人目の尼僧は、伊勢国飯高《いいたか》郡上平郷の人です。年取ってから出家し、ひたすら阿弥陀仏を念じて暮らしました。

長年、手の皮を剝いで極楽浄土の絵を描きたいと願っていましたが、自分で剝ぐことはできませんでした。ある時、一人の僧が来て尼僧の手の皮を剝ぎ、あっという間にいなくなりました。尼僧はその皮に浄土の絵を描き、生涯その絵を身から離しませんでした。

臨終の時、天空から音楽が聞こえました。

後に往生する石山寺の真頼法師は、彼女の子孫です。真頼の姪もまた極楽に往生したということです。一族から三人が往生しました。

『日本往生極楽記』第三十、三十一、三十二段です。三人の尼僧はそれぞれ経歴も修行の内容もまちまちです。保胤は意図的に多様な人を集めたのだと思います。

一人目は、天皇家の姫君で、子供や夫に先立たれて出家し、念仏に打ち込んだ結果、音楽の奇瑞を現しました。

二人目は、高僧の姉で生涯独身を通して出家し、念仏に打ち込みました。奇瑞は、一度目は不十分でしたが、兄の僧都の助けによって来迎を得ました。

三人目は庶民の出身ですが、子孫には有名な僧が出ます。捨身供養によって音楽の奇瑞を現しました。皮剝ぎの荒行のことは、「僧尼令」や『続日本紀』、円仁の『入唐求法巡礼行記』

にも見えます。
出自や子供の有無、修行の内容は、往生の奇瑞とは無関係だということです。

21 優婆塞四人——高級官僚から地方官人まで

宮内卿高階良臣《くないきょうたかしなよしおみ》は、若い頃から聡明で、官僚として活躍しました。五十歳頃からは、深く仏法に帰依し、『法華経』を読み、阿弥陀仏を念じて暮らしました。天元三年（九八〇）の正月、病気になりましたが、念仏と読経は怠ることがありませんでした。死ぬ三日前、病気が癒えましたので、剃髪《ていはつ》して得度《とくど》し、七月五日に亡くなりました。その時、家には香気が満ち、空から音楽が聞こえました。暑い頃でしたが、数日を経ても遺体は綺麗なままでした。

＊

右近衛少将《うこのえのしょうしょう》藤原義孝《よしたか》は、太政大臣伊尹《これまさ》の四男です。深く仏法に帰依して、肉や葷酒《くんしゅ》を絶ちました。朝廷に仕えている間から、『法華経』を唱えて暮らしていました。天延二年（九七四）の秋、天然痘《てんねんとう》を患って亡くなりました。臨終の時も『法華経』方便品《ほうべんぽん》の文を唱えていました。息絶えた後、部屋には香気が満ちました。中将藤原高遠《たかとお》は、同じ職場の朋友《ほうゆう》でした。義孝が、亡くなった直後に高遠の夢に現れ、普段と何も変わることなく、和歌を詠みました。

「しかばかり　ちぎりしものを　わたりがは　かへるほどには　かへすべしやは（三途《さんづ》より帰ると約束してたのに　枕を北にしてしまうとは……）」と。

さらに漢詩を詠みました。

「昔は契りき蓬萊宮《ほうらいきゅう》の裏の月に　今は遊ぶ極楽界の中の風に（蓬萊の裏山の月をともに見た　君待つ我は極楽の風）」と。

＊

源憩《いこう》は内匠頭《たくみのかみ》適《かなう》の七男です。若い頃から仏法を好み、聡明で読書家でした。二十歳を過ぎた頃、二十日あまり病床に伏したことがきっかけで、世間を厭い出家しました。平生から阿弥陀仏を念じてきましたが、病を機にいよいよ精進しました。兄の僧安法《あんほう》に、「西方から音楽が聞こえてきましたが、兄さまにも聞こえますか」と問いました。兄が、「聞こえない」と言うと、憩は、「孔雀《くじゃく》が一羽、目の前を舞っています。羽が美しく光り輝いています」と言い、手に定印を結び、西に向かって息絶えました。

＊

伊予《いよ》国越智《おち》郡の土豪《どごう》越智益躬《ますみ》は、国衙《こくが》の役人でした。若い頃から老境に至るまで、公務に励み、また仏法に帰依しました。朝は『法華経』を読み、昼は役所で働き、夜は阿弥陀仏を念じて、日々暮らしていました。出家はせず、在家の十戒を受けて、法名定真《じょうしん》と名のりました。臨終の時には、身に苦痛なく、心に乱れなく、定印を結んで西に向かい、念仏しながら息絶えました。その時、村の人々の耳には音楽が聞こえました。皆が誉め讃えたということです。

『日本往生極楽記』第三十三〜三十六段です。四人の優婆塞はやはり多種多様です。

一人目の高階良臣（〜九八〇）は、中級官僚で、法華読誦と阿弥陀念仏とを勤め、臨終に剃髪して在家戒《ざいけかい》を受け、香気と音楽に加えて遺体が綺麗なままという奇瑞を現しました。

二人目の藤原義孝（〜九七四）は高級官僚です。『法華経』を読誦して、香気を発し、知人の夢に現れて往生を告げました。酒葷は絶っていましたが、臨終得度はしていません。三途の川から還って来たのに、早々に北枕《きたまくら》にされたために生き返れなかったと恨みを言っています。それでも往生は遂げられたようです。

三人目の源憩は、中級官僚で、病気を機に出家し、阿弥陀念仏を日課にして、音楽と孔雀の奇瑞を感得しています。

四人目の越智益躬は、地方の下級官僚です。在家戒を受けて、法華読誦と阿弥陀念仏とを勤め、音楽の奇瑞を現しました。

上流貴族から地方官人まで、様々な経歴の人を集めていますが、いわゆる庶民はいません。平生の行業としては、『法華経』読誦と阿弥陀念仏が主流です。出家するか否か、あるいは臨終得度の有無などは、往生の可非や奇瑞の種類とは関係なさそうです。

これらの記述から、十世紀の貴族の中に、『法華経』読誦や阿弥陀念仏をして日々暮らしている人がいたことが知られます。それは比叡山の念仏修行僧の日課と等しいものです。保胤が主宰した勧学会や、比叡山横川の二十五三昧会なども、法華論義と阿弥陀念仏とを中心としていました。比叡山の念仏修行僧の指導のもと、十世紀の貴族社会に天台流の阿弥陀仏信仰が流布し始めたことがうかがわれる史料です。

22 優婆夷六人――既婚も未婚も貴族も庶民も

近江の国司伴彦真《ともひこざね》の妻は、若い頃から阿弥陀仏を念じて暮らしていました。三十歳を過ぎて、叔父に当たる彦真の妻となりましたが、生涯同衾することはありませんでした。命終の日、胎蔵曼荼羅の前に坐り、夫に言いました。「長らくお仕えしてまいりました。同衾することはありませんでしたが、罪がなかったわけではありません。一人で最期を迎えるための家を一軒お与え下さい」と。夫が承諾すると、妻は続けて、「極楽に詣《まい》るにあたり、少し支障が生じています。つらつら考えましたところ、思い当たることがございます。昔たくさんの鮒《ふな》をいただいたことがあります。その中に生きている鮒が二匹いましたので、すぐに井戸に逃がしてやりました。その二匹は、狭い井戸の中に閉じ込められて、広い場所に帰りたいと思い続けていることでしょう。それが障礙《しょうげ》となって往生できないのではないかと思います」と言いました。

そこで夫が井戸の中から二匹の鮒を見つけ出して、川に逃がしてやりました。その途端に妻の呼吸が乱れ、蓮華の香りが部屋に満ち、紫雲がたれ込めました。妻は身に苦痛なく、西に向かって息絶えました。

*

山城の国司小野喬木《たかき》の娘は、右大弁《うだいべん》藤原佐世《すけよ》の妻となりました。若い頃から仏法を崇めていました。兄の僧延教《えんきょう》を訪ねて、「仏道を修めたいと思います。教えてください」と頼みました。延教は、『観無量寿経』をはじめとする経論の文を抜き書きしたものを与えました。佐世の妻は、日夜その文を敬い、怠ることなく学びました。毎月十五日の夕方には、五体投地の礼拝を行い、西方に向かって合掌し、「南無西方日想安養浄土」と唱えました。父母がそれを見て、「若い者がそのようなことをしてはならない。きっと心を病んで、美貌を損なうことになる」と咎《とが》めました。佐世の妻は二十五歳の時、長女を出産しましたが、産後一月余りで病気になり、死んでしまいました。命終の日、空に音楽が響きわたりました。付近の人々は皆歓喜したということです。

＊

藤原氏の娘は、心のやさしい、慈悲深い人でした。常に往生極楽を願い、念仏して暮らしていました。晩年になって、「遥か彼方から音楽が聞こえます。往生の奇瑞かもしれない」と言いました。その翌年には、「音楽が少しずつ近くに聞こえるようになってきました」と言い、そのまた翌年には、「音楽が年々近づいて来ましたが、今日は特に近くて、寝間の真上から聞こえてきます。いよいよ往生の時です」と言い終わると同時に、息絶えました。身体に苦痛はありませんでした。

＊

近江国坂田《さかた》郡に住む、息長《おきなが》氏の娘は、毎年筑摩《つくま》の江《え》に生える蓮華を阿弥陀仏に供えて、ひたすら極楽への往生を願っていました。そうして数年を過ごし、いよいよ命終の日を迎えました。臨終の時には、全身が紫雲に包まれたということです。

＊

伊勢国飯高郡の老女は、毎月の前半は仏事に専念し、後半は仕事をして暮らしていました。その仏事は、日々香を買って村中の寺に供え、春秋には花を供え、また塩・米・果物・野菜などを僧に布施することを恒例にしていました。常に極楽への往生を願って、何十年もの年月を過ごしてきました。この老女が病気になって数日を経た頃のことです。子や孫たちが水を飲ませようと、老女の身体を抱き起こした時、着古した衣が自然に脱げました。その左手に一輪の蓮華を持っています。花びらが七、八寸もある、この世のものとは思えないほどの大きさで、鮮やかに光輝き、馥郁《ふくいく》たる香りを放っていました。子や孫たちが、その花の由来を問いますと、「私を迎えに来た人が、この花を持って来てくれたのです」と答えて、すぐに亡くなりました。皆歓喜したということです。

＊

加賀国の富豪の妻は、夫が死んだ後、独身を貫いて過ごしていました。庭に小さな蓮池がありました。常々、「蓮の花が開く時に極楽に往生して、その花を阿弥陀仏にお供えしたい」と願っていました。花の季節には、蓮池の花を村中の寺に供えました。そうして数年が経ち、ちょうど花の季節に病気になりました。とても喜んで、「花の季節に病気になりました。必ず極楽に往生することができるでしょう」と言い、家族や隣人を集めて酒席を設けました。杯を勧めて、「今日は私が娑婆を去る日です」と言うと、すぐに亡くなりました。その晩、庭の蓮の花が皆、西に向かってなびいたということです。

以上四十五人の伝を集めました。内訳は、菩薩二人、比丘二十六人、沙弥三人、比丘尼三人、優婆塞四人、優婆夷七人です。

『日本往生極楽記』第三十七~四十二段です。六人の在家の女性が紹介されています。保胤が末尾に、「優婆夷七人」と記しているのは、右の六人に、第三十二尼某甲伝に登場する真頼の妹を加えたと言われていることはすでに紹介しました。

一人目の伴彦真の妻は、結婚しても夫と同衾しなかったことが強調されています。阿弥陀念仏を修し、胎蔵曼荼羅を信仰していたようです。放生《ほうじょう》によって罪を滅し、身に苦痛なく、香気・紫雲の奇瑞を得ました。

二人目の藤原佐世の妻は、『観無量寿経』等の経論の文を学び、毎月十五日に五体投地の礼拝をし、西方極楽の讃文を唱えたことにより、死期を察知し、音楽の奇瑞を得ました。

三人目の藤原氏は、念仏の功徳によって音楽の奇瑞を得ました。

四人目の息長氏は、蓮華を阿弥陀仏に供えて紫雲の奇瑞を得ました。

五人目の伊勢の老女は、供香《ぐこう》・供花《くげ》・大衆供養《だいしゅくよう》によって来迎の聖衆《しょうじゅ》から蓮華を授かるという奇瑞を得ました。

六人目の加賀の女性は、夫の死後に独身を通し、蓮華供養によって、死期を察知し、死後に蓮華が西になびくという奇瑞を得ました。

夫に見取られた人、夫の死後に独身を通した人、生涯独身の人もいます。既婚・未婚は往生の可否には関係ないということです。生前の仏事も、阿弥陀念仏・西方讃・阿弥陀仏への供養など様々です。場所も広範に及んでいます。ただし大半が官僚の妻や地方豪族です。唯一庶民の出身だと思われる伊勢の老女も、大衆供養ができるほどですから、どちらかと言えば富裕層に属する人だと思われます。

『日本往生極楽記』は本項で終わりです。四十二段すべてを全訳しました。奈良時代から平安初期の人については、史書や伝記を参照したものと思われますが、保胤が最も精力的に探索したのは、十世紀後期すなわち保胤と同時代の人々です。その取材範囲は、身近にいたと思われる官僚や比叡山の僧から、南都・真言の僧、沙弥や尼僧、さらには在家の男女にまで及んでいます。阿弥陀念仏によって極楽への往生を目指す信仰が、十世紀半ばには社会の広範に流布していたことが知られます。ただし官僧や官僚あるいはその妻が中心で、いわゆる庶民層の信仰を知る材料は手薄だったようです。

そのような中で、在俗の聖的要素を持つ人として、第二十二段に見える賀古の沙弥教信や、第二十八信濃の沙弥薬蓮、第二十九河内の沙弥尋祐が紹介されています。彼らを探し出してきたのは保胤の卓越した情報収集能力によるものだと言えます。第三十二段の尼僧も庶民の出身ですが、子孫に石山寺の真頼が出たために保胤の情報網にかかってきたのでしょう。第四十一段の伊勢の老女は、第三十二段の尼僧と同郷ですので、一連の情報だったと思われます。

二　続本朝往生伝

1 一条天皇・後三条天皇──天皇でも臨終正念は必須

一条天皇は円融《えんゆう》天皇の御子《みこ》で、母は東三条院詮子《せんし》です。七歳で即位され、在位二十五年に及びました。あらゆる方面で抜群の才能を発揮され、また後中書王具平親王《ごちゅうしょおうともひら》や藤原道長など人材にも恵まれました。

寛弘《かんこう》八年（一〇一一）の夏、病気のために退位し、一条院において出家得度されました。すると日に日に病が重くなり、得度の師天台座主 慶円《きょうえん》がしばし退出している間に崩御《ほうぎょ》してしまわれました。慶円は急ぎ帰って参内《さんだい》し、天皇の寝室に入り、院源僧都《いんげんそうず》を呼んで言いました。

「主上《しゅじょう》の御寿命のことは如何ともできないが、生前に臨終念仏のお導きをすることを約束していた。それが守れず、痛恨の極みである。霊鷲山《りょうじゅせん》にまします釈迦如来を勧請《かんじょう》せよ。仏力の御加護をたのんでみよう。おそらく主上はそれほど遠くに行かれてはいまい」と。

院源が鐘を打って表白《ひょうびゃく》を唱え、慶円がその念珠を見て不動火界呪《ふどうかかいじゅ》を唱えると、百遍に達する前に、天皇は蘇生されました。その時、左大臣道長が、自室より装束《しょうぞく》を整える間も惜しんで駆けつけました。

慶円は、約束通り念仏百遍のお導きをし、それを終えて天皇は崩御されました。十善業を修められた功徳《くどく》によって天皇となられ、五百の仏に仕えてわずかの罪を除かれたために、このように臨終の念仏を成し遂げられたのです。往生は間違いないでしょう。

＊

後三条天皇は、後朱雀《ごすざく》天皇の第二の御子で、母は陽明門院禎子《ようめいもんいんていし》内親王です。即位の後は、承和《じょうわ》・延喜《えんぎ》の頃のように、自ら政治に当たられました。また円宗寺《えんしゅうじ》を建立して、『法華経』の法会《ほうえ》を設け、日吉《ひよし》神社に参拝して、天台一乗の教えに深く帰依《きえ》されました。譲位の後は、出家されて、病が重くなられてからも、心はひとすじに乱れることなく、念仏の中で崩御されました。

備後守《びんごのかみ》藤原保家《やすいえ》の妻が、出家して栖霞《せいか》寺におりました。延久《えんきゅう》五年（一〇七三）五月七日の暁の夢に、美しい雲が西方に聳《そび》え、音楽が響きわたりました。上皇御往生《じょうこう》の相だと言われて、目が覚めました。その後、上皇崩御のことを聞きました。

またある人の夢には、他方の乱れた国を治めるために急いで往かれたのだとも言われましたが、これは嘘でしょう。きっと極楽の主となられたのだと思います。

宇治の関白頼通《よりみち》公は、崩御を聞いて嘆き悲しみ、国家の大いなる不幸だと言ったということです。

本章では、大江匡房《まさふさ》の『続本朝往生伝』を紹介します。以降は一部の記事を掻《か》い摘《つま》んで紹介したいと思います。

著者の匡房（一〇四一～一一一一）は、当世随一の学者で、後三条《ごさんじょう》・白河《しらかわ》の両天皇に仕えた官僚です。摂関《せっかん》時代が終わりを告げ、院政時代が始まろうとする、変革の時代を生きた人です。治暦《じりゃく》四年（一〇六八）、百七十年ぶりに藤原氏を外戚《がいせき》としない天皇が即位します。後三条天皇です。この時匡房は蔵人《くろうど》に任ぜられ、天皇の近侍《きんじ》となります。後三条天皇の治世四年余の間に、藤原摂関家は実権を奪われ、新たな政治体制が打ち立てられてゆきます。後三条天皇から譲位された白河天皇は、十四年の治世の後、堀川《ほりかわ》天皇に譲位して院政を開始します。この新しい時代の幕開けに際し、匡房は院の別当《べっとう》に任ぜられ、白河院の政治を支えてゆくのです。承徳《しょうとく》元年（一〇九七）匡房は太宰権《だざいごんのそち》帥となり、翌年任地に赴きます。康和《こうわ》四年（一一〇二）に帰洛しますが、その直前、息男隆兼《たかかね》が亡くなります。『続本朝往生伝』の成立は、帰洛の前後と目されています。太宰府への下向《げこう》や息男の死と、この書の執筆との間には何らかの関わりがあると見てよいでしょう。

『続本朝往生伝』には、保胤の『日本往生極楽記』の後を継ぐ形で、四十二人の往生人の伝が掲載されています。天皇・公卿《くぎょう》の伝から始まって、高僧・凡僧・俗人の順に排列されています。どうも世俗の身分意識が払拭《ふっしょく》されていないきらいがあります。

まず天皇は、一条・後三条の二人です。一条天皇の時代は、藤原家の権勢が最高潮に達した時であり、その体制は後三条天皇の即位によって崩れました。匡房はその後三条天皇を支えた官僚です。匡房にとって、この二人の天皇の立場は対照的だったと言えましょう。

一条天皇が慶円の導きで蘇生した話は、藤原行成《ゆきなり》（九七二〜一〇二七）の日記『権記《ごんき》』に記されています。匡房が本伝を冒頭に置いたのは、このエピソードを紹介するためだったと言えます。生前の功徳についても、十善や五百仏への奉仕など漠然とした事項を伝えるのみです。蘇生させてまでも念仏百遍を唱えていただかなければならなかったのは、滅罪が完了していなかったからです。慌ただしい臨終の描写からも、一条天皇に対する匡房の感情が読み取れましょう。

一方の後三条天皇は、円宗寺建立や法華会の開催、日吉社への行幸《ぎょうこう》など具体的な行業《ぎょうごう》を伝え、穏やかな臨終の様子や、知人の夢に現れるという奇瑞《きずい》を挙げています。極楽の主《あるじ》となったという記述はやや行き過ぎの感がありますが、後三条天皇の即位を徹底的に妨害した頼通が、崩御を知って嘆いたという記述はやはり意図的です。

後三条天皇の伝で最も注目すべきところは、臨終に心が乱れなかったという記述です。これは「臨終正念」が成就《じょうじゅ》したことを伝える記事です。

源信《げんしん》の『往生要集《おうじょうようしゅう》』には、来迎を感得するためには臨終正念《しょうねん》の成就が不可欠であると説かれています。この本の末尾「おわりに」に、その概要をお示ししています。臨終に心が乱れると、来迎《らいごう》が得られず、悪道《あくどう》に堕《お》ちると説かれているのです。『往生要集』を読んでそのことを知った院政期の貴族たちは、大きな不安を懐き、臨終正念の成就を目指して仏事にいそしむことになります。

『往生要集』とほぼ同時期に成立した『日本往生極楽記』では、臨終正念のことには全く触れられませんでした。『往生要集』の流布《るふ》によって、新たに持ち上がった観点だと言えます。院政期の「往生伝」には、臨終正念の成就を伝える記事が散見しますので、注意して見ていきたいと思います。

2　藤原頼宗・源顕基・大江音人――公卿三人、天台僧の指導によって

堀河入道《ほりかわにゅうどう》右大臣藤原頼宗《よりむね》は、道長の次男です。母は源高明《たかあきら》の娘明子《あきらけいこ》で、後に盛明《もりあきら》親王の養女となった人です。代々大臣を務める家に生まれ、栄花《えいが》を極めました。若い頃から極楽への往生を願い、天台の教えを学んでいました。病が重くなって出家し、麻の法衣《ほうえ》を着て念誦堂《ねんじゅどう》に籠もり、沐浴《もくよく》して身を清め、香炉《こうろ》を捧げて念仏にいそしみました。恩愛の情を絶つために家族

を近づけませんでした。亡くなった後、その手を見ると、阿弥陀仏の来迎の印を結んでいました。密教の修法《しゅぼう》は習わなかったのに、自然とそのような手の形をしていたのです。往生は間違いないでしょう。

*

権中納言《ごんのちゅうなごん》源顕基《あきもと》は、大納言俊賢《としかた》の子です。若い頃から学問に精励し、要職を歴任しましたが、常に心は仏道に注がれていました。後一条天皇の寵愛を受けていました。天皇が崩御された時、棺に灯明《とうみょう》が供えられていないので、理由を役人に尋ねると、「新帝のことで手一杯だ」と答えましたので、悲しく思い、それがきっかけで仏道に心を寄せるようになったということです。

「古き墓いずれの世の人ぞ　姓と名とを知らず　化して道の傍《かたわら》の土となりて　年々春の草のみ生ひたり（いったい誰の墓だろう　名前も何もわからない　やがて崩れて土となり　春には草が生えるだろう）」という、白楽天《はくらくてん》の詩を常に口にしていました。二君には仕えないと言って、四十九日法要の後に出家しました。皆が引き留めましたが聞く耳を持たず、比叡山横川《よかわ》の楞厳院《りょうごんいん》で得度《とくど》し、大原に住んで、念仏読経《どきょう》して過ごしました。晩年、背中に腫瘍《しゅよう》ができ、医者は治ると言いましたが、顕基は、「腫瘍は、臨終正念を得るためにはうってつけの病気だ。この機会に命を終えよう」と言って治療を拒み、念仏しながら息絶えました。

*

参議《さんぎ》左衛門督《さえもんのかみ》大江音人《おとんど》卿は、平城天皇の皇子阿保《あぼ》親王の子《みこ》です。紀伝道《きでんどう》を学んで公卿《くぎょう》に昇り、検非違使《けびいし》の長官となりました。その才覚は世に知られていました。へビの足が見えたとか、北斗七星を柄杓《ひしゃく》にして水を飲んだとか、天皇から官吏登用試験の試問役を仰せつかったなどの話が伝わっています。臨終に当たり、仏頂尊勝陀羅尼《ぶっちょうそんしょうだらに》を七遍唱えて息絶えました。皆が往生を確信したということです。

『続本朝往生伝』第三~第五段です。二人の天皇に続き、ここに三人の公卿が紹介されています。

はじめの藤原頼宗（九九三~一〇六五）は、道長の子で、天台を学び、後に出家して念仏を修め、手に阿弥陀の来迎印を結んで息絶えるという奇瑞を示しました。次の源顕基（一〇〇〇~一〇四七）は、俊賢の子で、やはり摂関家に近い人物です。後一条天皇への忠節を尽くして出家し、大原に住んで念仏を修めました。病を縁として臨終正念の成就を目指したことが伝えられています。最後の大江音人（八一一~八七七）は、匡房の遠祖《えんそ》に当たる人物です。出家はしませんでしたが、最期に臨んで尊勝陀羅尼を唱えたことから、天台宗の僧侶が臨終の指導に当たったことがわかります。

摂関家に近い所から二人、匡房に近いところから一人が選ばれています。前項の天皇二人の選定と同様の基準だと言えます。

三人に共通しているのは、天台宗と関係が深いということです。平安初・中期、貴族社会の阿弥陀仏信仰を導いたのは天台宗でした。

音人伝からは『往生要集』以前の天台浄土教の情勢が知られます。尊勝陀羅尼は延昌《えんしょう》や源信も修しています。延昌が阿弥陀・尊勝の二仏の手から糸を引いて臨終《りんじゅう》行儀《ぎょうぎ》を行ったことは、第1章第11項に紹介しました。

頼宗・顕基は『往生要集』以降の人物です。頼宗が阿弥陀の来迎印を結んで没したという記事は注目すべきです。原文には「弥陀の迎摂《ごうしょう》の印を作せり」とあります。一般に阿弥陀の来迎印とは、右手を挙げ、左手を垂れて、両手の親指と人差し指で輪を作る形を言います。源信が臨終行儀の本尊として用いた阿弥陀如来像は、来迎印を結んでいたと思われますが、『往生要集』には「迎摂印」「来迎印」などという言葉は見えません。現存最古の作例は、十世紀後半に造られた元興寺《がんごうじ》阿弥陀如来坐像だと言われていますが、それが阿弥陀如来かどうか断定できないという説もあります。確実なのは、兄の頼通が天喜《てんぎ》元年（一〇五三）に建立《こんりゅう》した平等院阿弥陀堂の扉に描かれた来迎仏です。頼宗の没年はその十年余り後ですが、本伝の記事によって、十一世紀中には、貴族社会において「迎摂の印」という言葉が認知されていたことが推察されるのです。

また顕基に臨終正念を目指す意図があったという記事にも注意が必要です。後三条天皇伝では、「心を専《もっぱ》らにして乱れず」と書かれていましたが、本伝には「正念《しょうねん》」という言葉が用いられています。これによって『往生要集』の教説が十一世紀の貴族社会に流布していたことがはっきりと知られるのです。

3 遍照――天狗が語った高僧の往生

僧正遍照《そうじょうへんじょう》は、仁明《にんみょう》天皇に仕えて寵遇《ちょうぐう》をうけた官僚で、俗名《ぞくみょう》を良岑宗貞《よしみねむねさだ》といいます。左近衛《さこのえの》少将《しょうしょう》から蔵人頭《くろうどのとう》にまで昇りました。代々朝廷の要職を務める家の出身であり、しかも知性豊かな人で、世間の期待を一身に担っていました。すぐれた和歌を詠《よ》むことでも知られています。ところが天皇が崩御されると、思慕の念に堪え難く、仏門に入ってしまいます。慈覚《じかく》大師円仁《えんにん》の弟子となり、勉学修行に精励するうちに、やがてこちらの方でも頭角を顕わし、後には五大《ごだい》院安然《いんあんねん》という傑出した学僧を育てるほどになります。そうなるとやはり朝廷も彼を放っておくことはできません。僧正の位を授けられ、御持僧《ごじそう》として再び天皇の側近くに仕えることになりました。

この遍照のことに関して、天狗《てんぐ》がこんなことを語っていたということです。

「清和《せいわ》天皇の頃、おれは北山《きたやま》に住んでいた。今一番験力《げんりき》の強い坊さんは誰だろう、そいつに会ってみたいもんだと思って、小僧に化けて木の下につっ立っていた。すると木こりのおやじがやってきた。おれが、〈私を大臣様の家へ送り込んでください。そうすれば、大変な御利益がありますよ〉と言うと、おやじは、〈どうすればよろしいんでしょうか〉と訊《き》いてきた。そこで、〈革の袋を持って明日の夕方またここへおいでください〉と言ってやった。次の日、やつは言われた通り、革袋を持って現れた。おれはすぐさま鳶《とび》に化けてその袋にもぐりこんだ。

夜ふけを待って右大臣の家の中門の所まで行った。そこで袋の口を開いて外に出ると、寝室にしのびこんで、足で右大臣の胸を踏みつけてやった。急病だー、と大騒ぎになった。おれが足を上げたり下ろしたりすると、右大臣は息が途切れたり吹き返したりする。今をときめく坊さんが次々とやってきたが、恐れるに足りるほどのやつはいなかった。

二、三日して右大臣家の執事《しつじ》が、〈こうなったら花山元慶寺《かざんがんぎょうじ》の遍照僧正に来ていただくしかないでしょう〉と言う。昼前に招聘状《しょうへいじょう》を送ると、午後一番で受領状が来た。稚児《ちご》が二人、白い杖を捧げてその書状を届けに来た。おれはえらく恐ろしくなってきた。しばらくして護摩壇《ごまだん》を整えに弟子たちがやって来た。童子も五、六人いた。

夜になって遍照僧正のお出ましだ。お付きの童子は十人以上になった。右大臣を踏みつけていた足が、だんだん思い通りに動かなくなってきたんで、息を殺してじっとしていた。僧正の修法は七日間も続いた。右大臣の病はよくなったけれど、おれを完全にやっつけるところまではいかなかった。すると執事があと二日間修法を続けるようにお願いしやがった。ついにおれは力尽き果てて、もうどうすることもできなくなった。二日目の明け方、鉄の網に入れられて、護摩壇の火の中に放り込まれ、あとかたもなく燃え尽きた。

護摩壇の灰を捨てる段になって、幸いなことにその灰を便所の脇に置いてくれたもんだから、食物の気に触れて生き返ることができた。その便所の脇におれは六年もいた。逃げようとはしたんだが、僧正の弟子が残っていやがって、一歩も動けなかったんだ。たまたま溝ができて、水流に乗ってなんとか逃げることができた。

こいつは大変なやつだと思い知らされた。どうしても一泡ふかしてやりたいと思って、花山元慶寺へ行った。おれの居場所は便所の片隅ぐらいしかなかったんで、そこに三年も居座った。ところが、僧正にはいつも必ず五、六人の弟子が付いていやがる。結局付け入る隙はなかった。死ぬ時くらいは、隙をみせるかもしれない、そうしたら往生の邪魔をしてやろうと、臨終の時を見計らって花山へ行こうとしたんだが、弟子たちがしっかりと看護っているし、それに、極楽の菩薩たちがわざわざお出迎えだとかいって、山のふもとにも近づけないありさまだった。ただただ菩薩の奏でる管弦《かんげん》の音を聞いて、山の上にたなびく紫雲《しうん》をながめるばかりで、何もできやしなかったよ」と。

僧正の伝記は国史に記されています。詳しくはそちらをご覧いただくことにして、ここでは敢えてあまり知られていない伝説を紹介しました。

『続本朝往生伝』第六遍照伝です。

遍照（八一六?～八九〇）は、桓武《かんむ》天皇の皇子良岑安世《よしみねやすよ》の子です。嘉祥《かしょう》二年（八四九）には蔵人頭に任ぜられましたが、その翌年、仁明天皇崩御の直後に出家しました。歌人としては、六歌仙あるいは三十六歌仙の一人として知られ、百人一首の、「天《あま》つ風《かぜ》」の歌はあまりにも有名です。また山門では、慈覚大師円仁の弟子、台密《たいみつ》の伝承者として名をのこしています。花山元慶寺を建立し、ここに三人の年分度者《ねんぶんどしゃ》を賜りました。没後の寛平《かんぴょう》四年（八九二）に発布された太政官符によりますと、遍照は仁和二年（八八六）以来、元慶寺において法華・阿弥陀の三昧《さんまい》を併修させたということです。この阿弥陀三昧というのは、円仁から伝えられた念仏のことでしょう。比叡山の外で行われた念仏行事の記事としては最古のものです。遍照は不断念仏の興隆に尽力した人だったのです。匡房はそのことを知っていたのだと思います。

遍照は、『日本往生極楽記』には採用されませんでした。保胤が遍照を極楽願生者として認識していなかったということです。台密や和歌の方面では誰もが知る人ですが、往生人として遍照を紹介する記事が本伝以前には見当たらないということは注意してよいと思います。

匡房は本伝末尾に、「国史」の記述に言及しています。六国史《りっこくし》に続いて編纂されたいわゆる「新国史」を指すものと思われます。現存しないので確かめることができませんが、あるいはそこには往生の奇瑞に関する記述はなかったのかもしれません。匡房がここに天狗の逸話を取り上げたのは、来迎の聖衆《しょうじゅ》が奏でる管弦の音を聞き、雲気《うんき》を見たという台詞《せりふ》があったからです。これ以外に遍照の往生を伝える史料がなかった可能性もあります。

4 尋禅——摂関家の御曹司、良源の衣鉢を継いで

慈忍《じにん》僧正は、諱を尋禅《じんぜん》といいます。九条右大臣藤原師輔《もろすけ》の子です。一世を風靡《ふうび》した藤原摂関家の出身ですが、天台宗の僧侶となり、比叡山横川の首楞厳院に止住《しじゅう》して、慈恵《じえ》大僧正良源《りょうげん》

に師事することになりました。師輔は、良源に深く帰依していました。それで愛息を良源に託したのです。

尋禅は、強い忍耐力と、あふれる慈愛とを備えた人でした。天性の聡明さに加えて、天台顕《けん》密《みつ》の法門をしっかりと身につけ、人並みはずれた験力によって、多くの人々の信頼を集め、また神々をも心服させる威力を持っていました。けれども敢えて悪魔怨敵《おんてき》を降伏《ごうぶく》するようなことは好まず、ひたすら阿弥陀仏の極楽浄土に往生することを願って、日々を送っていました。

ところが彼の意思とは相反して、朝廷は尋禅を厚遇しようとします。彼に与えるために新たな階位《かいい》を設けたほどです。一身阿《いっしんあ》闍梨《じゃり》という位がそれです。

冷泉《れいぜい》天皇は幼い頃から病気がちでした。そこで尋禅が宮中に招かれ、天皇の身を守るための修法を行うことになりました。尋禅が修法の準備をしていると、天皇は錯乱して忿怒《ふんぬ》の相を現し、剣を抜いて尋禅に斬りかかろうとされました。恐ろしくなった尋禅は、お堂の南の階段を駆け降り、その下に逃げ込んで身を隠しました。その時お堂に置き去りにされた法衣箱が、護《ご》法童子《ほうどうじ》の役目をして、尋禅の身を守りました。帝はその法衣箱の威力に圧倒され、幾度となく身をうち縛られました。

尋禅は、そんな天皇のお姿を見て、重圧に堪えられなくなりました。天皇の身を守る役目を辞して、ただ仏果《ぶっか》だけを目指そうとしました。けれども周囲がそれを許さず、師良源の後を継いで天台座主に任命されました。再三辞退しても聞き入れられず、しかたなく就任しましたが、実務運営は諸僧にまかせて、自身は全く関与しませんでした。比叡山の幽谷《ゆうこく》、飯室《いいむろ》という所に籠もって念仏に専念し、ついに極楽からの迎えを得たということです。

『続本朝往生伝』の第七～十段には、良源門下の四哲（源信・覚運・尋禅・覚超）が扱われています。以下四項に全訳を紹介します。その第一が尋禅伝です。

尋禅（九四三～九九〇）は他の三人と異なり、卓越した学問業績を挙げたわけではありませんが、師良源と父師輔の師檀《しだん》関係を支える役割を担ったことにより、良源の衣鉢《えはつ》を継ぐことになった人物です。

師輔は、娘安子《やすこ》を村上天皇の后《きさき》とし、冷泉・円融二帝の祖父となったことによって権力を握ります。その栄花が、良源の験力によってもたらされたものと信じて、良源の外護者となりました。良源は師輔一門の支援によって栄達し、延暦寺の復興を成し遂げます。

尋禅が任ぜられた一身阿闍梨は、一代限りという条件で員数外に与えられた阿闍梨位です。良源の発案で、尋禅以降、名門出身の僧にこの位が与えられるようになりました。

甥に当たる冷泉天皇を護持する役目も、尋禅には重荷だったと述べられています。天皇は生来病弱でした。それは怨霊《おんりょう》のしわざだと噂されていました。村上天皇の第一皇子は、大納言藤原元方《もとかた》の娘佑姫《すけひめ》が生んだ広平《ひろひら》親王でした。ところがその直後に安子が憲平《のりひら》親王（後の冷泉天皇）を生み、生後二箇月で皇太子となりました。元方は失望のために悶死《もんし》して怨霊となり、憲平親王に害をなしたというのです。

本伝は、父と師との思惑に翻弄されて、不本意な生涯を送らざるを得なかった尋禅だったけれども、極楽往生の本懐《ほんかい》だけは遂げることができたというような内容になっています。

晩年は幽谷に籠もって念仏に専念したと述べられていますが、尋禅が隠遁《いんとん》した飯室谷《いいむろだに》の妙《みょう》香院《こういん》は、摂関家から莫大な荘園が寄進されたことにより、比叡山運営の一拠点となった所です。尋禅は亡くなる直前、ここを一条天皇の御願寺《ごがんじ》とし、検校《けんぎょう》以下役職者のすべてを、師輔一門出身の僧侶で占めることを命じています。それによって比叡山に世俗の権力が関与するようになったことは確かです。それが尋禅の意向に添うものであったか否かはともかく、そのような情勢に反発する者も少なくなかったようです。

5 覚運——論義の達人、病苦の中でも一糸乱れず

権少僧都《ごんのしょうそうず》覚運《かくうん》は、京都の出身です。比叡山延暦寺に住しました。若い頃から才知に富み、衆僧《しゅそう》のお手本となる人でした。悟りを求めて念仏修行にいそしんでいました。

師匠の良源が、「覚運ほどの学者が、未だ竪義《りゅうぎ》の経験がないとは何事だ」と言って、長老たちと相談の上、彼を広学竪義《こうがくりゅうぎ》に参加させました。この時の論題は「四種三昧《ししゅさんまい》」でした。

覚運は、すでに相当の年輩でしたが、学僧用の粗末な法衣を身につけ、竪者《りっしゃ》として入堂しました。列席者たちはその威厳に打たれ、ため息をつくばかりです。

提示された論題を拝読する際、「天台宗の実践〈止観《しかん》〉を論ずる者は、まず西方極楽浄土にましまず阿弥陀如来を心に念ぜよ」という言葉に至って、覚運は思わず涙をこぼしました。覚運の日頃の修行を知る探題《たんだい》の禅芸《ぜんげい》僧都が、彼を讃えようとして、そのような言葉を記したのでしょう。お堂を埋め尽くした学僧たちも、ともに感涙に咽《むせ》んだということです。

論義が進み、九題が完了しました。すべて難なくパスして、十題目に入った時です。探題禅芸の力量は、覚運には到底及びません。これでは内容乏しいもので終わってしまうと判断した

師匠の良源が、論義に割り込んできました。言わずと知れた論義の達人です。「私が精義者《しょうぎしゃ》となって判決を下してやろう」というわけです。

「六観世音を広げれば二十五三昧に通じるという御文《ごもん》があるが、これについて問う。六観音の種子《しゅじ》について答えよ」。

良源の問いに対して、覚運は、「私は密教に習熟しておりませんので答えられません」とひれ伏しました。良源は、「広学竪義の広学とは、文字どおり広く学ぶこと、密教を知らないとはどういうことか」と詰め寄ります。良源はこれをもって、「十題中九題は及第、一題は落第」との判決を下しました。

後に覚運は成信（静真《じょうしん》の誤か）上人について密教を学びました。そこでようやく良源の問いの意を理解して、「なんと容易《たやす》いことだったんだ。こんなことも知らなかったとは……」と恥じ入ったということです。

成信が亡くなる時、覚運が、「師の滅後、私は誰に師事すればよろしいでしょう」と問うと、成信は皇慶《こうけい》を推薦しました。皇慶は三十歳にもならない若者でしたが、覚運は後輩を師匠とすることを恥とせず、忠実に教えを受けました。皇慶が九州方面へ求法《ぐほう》の旅に出る時、覚運は跪《ひざまづ》いて師を見送りました。仏法を尊ぶ姿勢がうかがわれます。

左大臣藤原道長の主催する法華三十講という法会の竪義では、覚運はいつも精義者の役を務めました。天台のみならず、あらゆる宗派の聖教《しょうぎょう》をすっかり暗記していました。ライバルだった三井寺の慶祚《けいそ》でさえ、「仏教を学ぶ人はかくありたいものだ。後の学者は覚運を手本とせよ」と、彼を絶賛しています。

法相宗《ほっそうしゅう》の遍救《へんぐ》僧都が竪義を務めた際も、覚運は精義者でした。覚運の唯識《ゆいしき》や因明《いんみょう》に関する見識の深さには、それを専門とする法相宗の遍救も舌を巻いたということです。「神我勝《じんがしょう》（不変の実体としての個我を認める外道《げどう》の見解）」という論題が、源信僧都の発案で、その日初めて出題されました。源信の弟子寛印《かんいん》が問者として登場しました。南都法相宗では今まで論じられなかった問題だったのでしょう。

一条天皇や藤原道長が覚運に師事して仏教を学んだということが伝えられています。

源信僧都は、自分の著作が完成すると、まず覚運に送って点検してもらったということです。源信は常々、「覚運の読みは、著者本人よりもずっと深い」と言っていました。

晩年、背中に悪性の腫瘍ができました。治療に当たった医者が皆、〈もう治ったから水を注ぐことはない〉と言いましたが、名医の孫で医術に詳しい重源《ちょうげん》阿闍梨という人が、病巣を見て自ら水を汲み、〈今は小康状態だが、やがてまた悪化する〉と言いました。はたしてその日の午後に覚運は亡くなりました。臨終の時は、仏を念じて一糸乱れることなく、座禅の姿勢のままで息絶えたということです。後に朝廷は権僧正の位を贈り、生前止住《しじゅう》していた東塔《とうとう》の檀那《だんな》院《いん》を天皇の御願寺とすることを認めて、覚運の偉業を讃えました。

『続本朝往生伝』第八覚運伝です。

覚運（九五三〜一〇〇七）は、次に紹介する源信とならんで、この時代を代表する碩学《せきがく》です。さほど多くの著作が伝わるわけではありませんが、後世天台宗の法流が、源信を祖とする恵心《えしん》流《りゅう》と、覚運を祖とする檀那流《だんなりゅう》の二派に分かれたことからも、その影響力の大きさが知られます。

本伝に見える竪義とは、仏教学に関する様々な問題を論義研鑽する法会のことです。この法会を統領《とうりょう》する役職を「探題《たんだい》」といいます。探題は出題者となって、論義を進行してゆきます。その問題に義《ぎ》を立てて答えるのが「竪者」で、いわば受験生に当たります。竪者の立てた義に対して問難を加えるのが「問者」で、これは試験官に当たります。そしてこの両者の問答に判決を下すのが「精義者」です。比叡山では古来、探題が精義者を兼ねることになっています。良源は竪義を特に重視し、毎年伝教大師《でんぎょうだいし》の忌日《きじつ》に「広学竪義」という法会を行うことを提唱しました。以来竪義は比叡山の名物となります。

覚運が初めて出仕した竪義の論題は「四種三昧」だったと述べられています。天台大師の『摩訶止観《まかしかん》』の教えを拠り所として、天台宗の修行の根幹をなす「常坐《じょうざ》三昧・常行《じょうぎょう》三昧・半行半坐三昧・非行非坐三昧」の四種の実践について検討する論題です。覚運が若い頃から勤めていた阿弥陀念仏の修行は、その中の常行三昧に当たります。そのことを知る探題の禅芸がこの論題を選んだのです。したがって竪義は順調に進みましたが、最後の一題を良源が出して、わざと波乱を起こしました。六道《ろくどう》の苦悩を救うのが六観音ですが、その実践は、三界二十五有（欲界の十四有・色界《しきかい》の七有・無色界の四有）の苦を破る二十五三昧に配当されるという見解が『摩訶止観』に示されています。良源は、その六観音の種子を尋ねたのです。種子とは、種字とも書き、仏菩薩等を表す一文字の梵字《ぼんじ》のことで、密教の修行で用いる概念です。とても易しい質問でしたが、覚運は答えられず、落第しました。覚運に密教を学ばせようとする師の真心だったのです。

本伝中に、源信と覚運の交際を伝える記述がありますが、両者の共著とも言える文献が現存しますのでご紹介しておきます。『恵心僧都全集』第一巻に収められた『観経疏顕要記《かんぎょうしょけんようき》破文《はもん》』がそれです。中国北宋《ほくそう》時代の天台宗の学僧で源清《げんせい》という人がいます。当時の中国では、前代の破仏政策の影響で聖教典籍が不足していました。そこで源清は、自分の著作数点を日本に送付して、自国にない天台宗典を贈与してくれるよう要請してきました。その遣いが京都に着いたのは、長徳《ちょうとく》三年（九九七）のことです。比叡山の座主覚慶《かくけい》は、源清の求めに応じて、『仁王般若経疏《にんのうはんにゃきょうしょ》』『阿弥陀経疏』等の天台典籍を送りました。のみならず山内の碩学数名に命じて、源清の著作に対する批評の書を作成させ、書簡を添えて源清の元へ届けたのです。この時の書評が何点か現存し、その一つが『観経疏顕要記破文』です。源清の『観経疏顕要記』二巻は、天台大師撰と伝えられる『観経疏』の註釈ですが、この書物は現在失われてしまい、見ることができません。源信が上巻を、覚運が下巻を担当して批評した『破文』のみが現存するのです。極めて貴重な文献だと言えましょう。

6 源信——天台念仏の大成者、下品の往生を目指す

源信が心を傾けて行った修行の内容について、『二十五三昧過去帳』に、次のような記述があります。

「長和《ちょうわ》二年（一〇一三）正月一日に著した願文《がんもん》に、〈生前修行した法を列挙しておく。念仏は二十倶胝遍《くていへん》である。大乗経典は五万五千五百巻を読んだ。『法華経』八千巻、『阿弥陀経』一万巻、『般若経』三千余巻等である。真言百万遍の中、千手陀羅尼《せんじゅだらに》が七十万遍、尊勝陀羅尼が三十万遍である。加えて阿弥陀・不動・仏眼仏母《ぶつげんぶつも》の呪《じゅ》を少々である〉とあります。その後の修行については、別の記

録があります。そのほかに、一巻十余紙の書があって、生涯に修めた善根の内容が記されています。その中には、仏像を造り、経巻を書写し、布施《ふせ》を行い、人の修行を助けるなどのことが記され、それら大小事理の種々の修行の功徳は、とても書き尽くすことができません」と。

『別伝』の記述と少し異なりますので、ここに記載しておきます。

権少僧都源信は大和国葛城《かつらぎ》郡當麻《たいま》の出身です。『別伝』には卜部氏の出身とされています。幼くして比叡山延暦寺に上り、慈恵大僧正良源に師事しました。若い頃から誰よりも智慧すぐれ、論義の場では、問答の相手をいつも屈服させていました。「倶舎《くしゃ》と因明の学問はこの世で修得しよう。唯識学は極楽で、そして天台の宗乗《しゅうじょう》を極めるのは仏果を完成する時だ」と、常々言っていました。

源信が著した『往生要集』三巻は、中国宋の国にまで伝わりました。宋国の人々は、源信の影像《えいぞう》 承円阿闍梨の作 を掲げて「楞厳院の源信大師」と誉め讃えました。ほかにも『因明論疏四相違略注釈』三巻、『大乗対倶舎抄』十四巻、『要法文《ようほうもん》』二巻、『一乗要決』三巻等があり、それに論義の手引書や法要の式文《しきもん》などを加えると、百巻以上にもなりましょう。どれもこれもが天台学の教科書というべき著作で、後の学者を導く灯火となったものばかりです。今日、源信の見解に忠実でありさえすれば、誰にも非難されることはありません。如来のお使いのような人なのです。

『別伝』に、こんな話が伝わっています。ある人が内々に質問したというのです。「和尚《かしょう》さまは、学問でも修行でも当世随一です。そこでお尋ねするのですが、今まで修めてこられた修行の中、何を第一となさいますか」と。

源信は、「念仏を第一とします」と答えました。そこでまた問いました。「様々な修行の中で、真如《しんにょ》を観ずる〈理観《りかん》〉が最も勝れていると聞いておりますが、和尚さまは、念仏なさる時、如来の真如法身《ほっしん》を観じていらっしゃるのですか」と。

源信が、「ただ口に南無阿弥陀仏と称《とな》えているだけです」と言いましたので、重ねて、「どうして理観を修されないのですか」と問うと、次のような答えが返ってきました。

「極楽に往生するには、口に南無阿弥陀仏と称えるだけで十分だということを、よくよく存じておりますので。理観は必要ないのです。ですが私にとって真如を観ずるのはそう難しいことではありません。かつては理観を修したこともありますが、その折には心が鏡のように明瞭になって、何の障りもなく真如を観ずることができました」と。

ある時、占い師が、「才気といい学問といい、申し分ない。きっと重要な官職に就かれるだろう。

世間が放っておくはずがない」と言ったとか。源信自身には出世欲など全くなかったのですが、朝廷の尊崇をうけ、法橋《ほっきょう》の位を与えられました。宮中大極殿《だいごくでん》で催された仁王経千僧供養会で講師を勤めたことによる叙位《じょい》です。さらに弟子の厳久《ごんく》の位を譲り受けて、少僧都に任ぜられました。いずれも本人が希望したのではありません。源信自身は、極楽を目指すのみで、あらゆる修行の成果を傾けて往生を願ったということです。

名月に誘われて楼閣《ろうかく》に上り、そこで一心に仏を念じたことがありました。その夜、自房に帰って、たいそう悔やんだというのです。「今宵は清らかな行いをしたという満足感にあふれている。これは我が心の内なる魔のしわざであろう……」と。自分の能力に対する過信が、慢心となって、常に心を蝕《むしば》んでいると考えたのです。そのことに気を付けて、仏道を極める心いよいよ深く、臨終の時も一糸乱れず、西方極楽浄土に向かい念仏しつつ息絶えました。

その後、同門の覚超《かくちょう》僧都が夢の中で問うたところ、源信は、下品《げぼん》の浄土に往生したということです。『別伝』に詳説されています。

『別伝』に伝わる話です。長和二年正月のことです。生前に修めた修行の数々を仏前に報告しています。その記録によりますと、「阿弥陀念仏は二十倶胝遍《くていへん》。『法華経』一千部、『般若経』三千余部、『阿弥陀経』一万巻を読んだ。阿弥陀大呪百万遍、千手陀羅尼七千万遍、尊勝陀羅尼三十万遍を念じ、阿弥陀小呪《しょうじゅ》、不動真言、光明陀羅尼、仏眼仏母の呪は数知れず念じた。そのほかに仏像を彫刻し、経典を書写し、布施を行う等々、数えきれない」ということです。

これまた『別伝』の記事です。寛仁《かんにん》元年（一〇一七）六月九日、亡くなる前日です。親しい弟子を呼び寄せて、その耳もとにこっそりと、「容貌麗しい少年の僧が、衣を整えて、三人、五人と私の部屋へやって来て、枕元に坐っている。目を閉じていると見えるのだが……。嘘のような話だろう」と言ったそうです。

その翌十日、朝食はいつも通りでした。沐浴して身を清め、阿弥陀仏の手より垂らした五色の糸を握り、「面善円浄　如満月《めんぜんえんじょうにょまんがつ》……」と、前日と同じ「十二礼」の文を唱えました。それが終わると、頭を北に向け、右脇を下にして西方に向かい、眠るように息絶えました。五色の糸を手に持ち、念珠を握る姿は、まるで生きているようでした。七十六歳でした。

横川《よかわ》の安楽谷《あんらくだに》に、浄行上人という人がいました。その日は一晩中修行していたのですが、夜の明ける頃、遥か彼方の空から、来迎の聖衆が奏でる伎楽《ぎがく》の音を聞いたということです。

また『恵心別伝』という書がこんな話を伝えています。ある時、源信が側近の弟子禅円に言いました。

「私には昔から懐き続けた夢がある。一生の望みだ。それが成就するかどうか、占ってほしい。聞くところによると、大和の葛城に、仙人のように過去と未来とを見通す法師《ほうし》がいるそうだ。お前、そこへ行って訊いてきてくれ」と。

そこで禅円は、翌日比叡山を下りて大和の国へ行き、その法師に会って、源信の望みが叶うか否かを占ってもらったのです。その法師は金の箱を使って占い、こう言いました。

「そのお方の望みというのは、人としての栄華の域を越えたものです。仏さまの悟りの境地ですから。しかしその思いの何と深いことか。きっと成就するでしょう。予兆は四月にあります。そして決定成就は六月です」と。

禅円は帰って詳しくその旨を報告しました。源信は大喜びしました。はたして四月二日より病が重くなり、六月十日の朝、頭北面西にして眠るように息絶えたのです。


『続本朝往生伝』第九源信伝です。本文の前に、『楞厳院二十五三昧過去帳』（『続天台宗全書』史伝二所収）の記事が掲げられ、また中間と末尾には「別伝に云ふ」として、『延暦寺首楞厳院源信僧都伝』（『恵心僧都全集』五所収）の文が、さらには所在不明の「恵心別伝」という書の記事が引用付記されています。本文に加えて、小字で全訳を紹介しました。ただし付記の部分は、匡房自身が記したのではなく、後人による書き加えだとも言われています。

恵心僧都源信（九四二〜一〇一七）は、『往生要集』の著者であり、誰もが知る念仏修行の第一人者です。保胤の『日本往生極楽記』成立の時点では存命でしたので、「往生伝」への登場は本伝が最初です。ただし匡房が参照した源信伝の先行史料はすでにいくつかあったようです。本文中に見える、源信が下品の浄土に往生したという話は、『楞厳院二十五三昧過去帳』源信伝の記事が初出です。

寛和《かんな》二年（九八六）五月、比叡山横川首楞厳院の住僧二十五人が根本結衆《こんぽんけっしゅ》となって、二十五三昧会という念仏の集会が発足しました。その頃比叡山では、藤原摂関家を頂点とする世俗の権力の介入が顕著になりつつありました。二十五三昧会は、そのような情勢に反発し、純粋に往生極楽のみを目指す人々によって結成された信仰共同体でした。八箇条・十二箇条の『起請文《きしょうもん》』や、源信作の『二十五三昧式』などによってその実態を把握することができます。毎月十五日に集結して不断念仏を修すること、もし結衆中に病人が出た場合は、往生院に収容して看病し、臨終に際しては念仏を勧め往生極楽の手助けをすること等の取り決めがなされ、さらには葬儀・埋葬についても細かい規定があります。二十五三昧会は、その発足の直前、寛和元年四月に完成した源信の『往生要集』の思想的影響を大きく受けています。発足後まもなく、源信は指導者としてこの集会に招聘されています。

『楞厳院二十五三昧過去帳』には、寛和三年（九八七）一月十二日に没した祥連《しょうれん》から、長元七年（一〇三四）一月二十四日没の覚超に至るまで、五十一名の結衆の名と命日、行年などが記録されています。その中、源信等十七名については、詳しい行実《ぎょうじつ》が紹介されています。源信の伝記史料としては最も信憑性の高いものです。

結衆の行業は実にまちまちで、念仏修行に精励したことを誉め讃えられている者や、『往生要集』の教説に順って臨終行儀を修した者もいます。しかし皆が道心堅固《どうしんけんご》の修行者だったわけではありません。堕地獄の罪を念仏によってかろうじて滅した者や、智解浅く練行《れんぎょう》にあらずと評された者、順次生《じゅんじしょう》には往生できなかった等と判定された者もいます。

源信の行実を記したのは同門の覚超だったと言われています。その中に次のような記述があります。要約して紹介します。

源信が亡くなって数箇月が経った頃、師弟の契《ちぎり》を結んだ僧（一説には覚超自身だと言われています）が、夢で源信に出遇い、往生の可非を問うたところ、「往生できたとも、できなかったとも言える」という答えが返ってきました。理由を問うと、「極楽の聖衆が仏を取り囲んでいる時、自分はその最も外側にいた」と言うのです。続いて、「私は往生できますか」と問うと、源信は、「お前は怠惰だから往生は困難だ。そもそも極楽に生まれることは極難のことなのだ」と答えました。そういえば源信が生前、阿弥陀来迎図を描いた際、比丘《びく》僧《そう》が多く菩薩衆が少なかったので、その理由を問うと、「分相応に下品の来迎を望んでいるからだ」と言っていたことがありました。臨終間際の様子を看病僧に尋ねると、下品上生・中生の文を読ませていたということです。源信は自らの願いによって下品の来迎を得たのだと思います。

仏道に対する実に厳しい姿勢をうかがうことができます。『楞厳院二十五三昧過去帳』は、源信が修行を共にした仲間たちの群像を想像することのできる、貴重な史料だと思います。

7 覚超——顕密仏教の大家、往生は難中の難

権少僧都覚超《かくちょう》は、和泉《いずみ》国の出身です。幼い頃、比叡山に上って慈恵大僧正良源の房に参じた時のことです。覚超は、自分の舌を出して鼻のあたまを舐めました。それを見た良源はとても驚いて、「仏さまの姿の特徴の一つに広長舌相《こうじょうぜっそう》というのがあって、舌を展《の》べれば顔面を覆い尽くすほどだと言われている。この子の舌はそれに近い。大いなる聡明の相だ」と言って、覚超の弟子入りを許しました。

覚超は兄弟子の源信に師事して学問に精励しました。やがて顕教では源信に次いで二番目、密教では源信をしのいで比叡山随一と言われるほどになりました。『仁王般若経護国抄』をは

じめたくさんの書を著して後学を導きました。

悟りを求める心は極めて純粋で、名声を好まず、人里離れた所で修行と学問とに打ち込んでいました。覚超は月輪観《がちりんかん》の修行者として有名です。月輪観とは、月輪の図に向かって意を凝らし、自分の心が満月のように清浄円満であることを観じてゆく修法です。覚超はいつも、「我が心の中には、常に涼風《りょうふう》が吹き抜けている。月輪観のおかげだ」と言っていました。「清き盲目の人となり、世間の濁悪《じょくあく》を見ずに過ごしたい」という願いを立てたとも言われています。

臨終の時には正念を得、念仏しつつ息を引き取りました。後に弟子の夢に現れて、「蓮華のつぼみの中にいる。ただし往生は難中の難だ。お前たちも心して臨め」と言ったそうです。


『続本朝往生伝』第十覚超伝です。「広長舌相」「月輪観」の説明のために少しだけ言葉を足しました。

覚超（九六〇〜一〇三四）は、台密川流《たいみつかわりゅう》の祖として知られる学僧です。台密に関して、『胎蔵三密抄』『金剛三密抄』『三密抄料簡《りょうけん》』『東曼荼羅抄』『西曼荼羅抄』等、大部の著作があります。そのほか本文中に言及された『仁王般若経護国抄』や、義科《ぎか》の手引き書、浄土教関係の書等、多くの著述をのこしています。

また、二十五三昧会の根本結衆《こんぽんけっしゅ》の一人だったことがわかっています。師と仰ぐ源信をこの法会に招聘したのは覚超だった可能性が高いと思います。覚超が書いたとされる『楞厳院二十五三昧過去帳』の源信伝に、源信が下品の往生を遂げたと記されていたことは、前項に述べた通りです。

それを踏まえて本伝の、覚超が没後弟子の夢に現れて、「蓮華のつぼみの中にいる。ただし往生は難中の難だ」と告げたという奇瑞の意味について考えてみたいと思います。

『観無量寿経』の九品往生段には、様々な機根の人が極楽に往生してゆく姿が説かれています。往生人が、平生の行いの優劣によって、上品上生から下品下生までの九段階に分けられているのです。

上品上生人は大乗仏教の教えを修得した善人で、命終と共に阿弥陀仏をはじめ無数の菩薩の来迎にあずかり、即座に極楽に往生すると説かれています。上品中生人は修行は完璧ではないけれども大乗仏教の教えをよく理解している人です。この人が命終わる時にも、阿弥陀仏や諸菩薩の来迎があります。蓮華に包まれて極楽に着くと、一夜の中に花が開き、往生が完了します。上品下生人は、それよりもさらに機根が劣り、極楽に到着の後、蓮華が開くのに一昼夜を要すると説かれています。

中品上生・中品中生人は、出家修行して小乗仏教の阿羅漢の位を目指す人たち、中品下生人は世間の善行によって阿羅漢の位を目指す人たちです。上品人と同じように蓮華に包まれて極楽に往きます。中品上生人の乗った蓮華は極楽に到着後即座に開きますが、中品中生は華開までに七日かかると説かれます。中品下生段には華開までの時間が書かれていません。

下品段には、悪業を重ねた人が善知識《ぜんぢしき》の教えに導かれて極楽へ往生してゆく様子が説かれています。やはり蓮華に包まれて極楽に向かいますが、極楽に到着した後、花が開くまでに、下品上生では四十九日、下品中生では六劫、下品下生では十二大劫を要すると説かれています。

弟子の夢に登場した覚超が、「蓮華のつぼみの中にいる」と告げたのは、下品の往生だったことを示しているのではないでしょうか。「ただし往生は難中の難だ」という言葉からもそのように推察されます。前項に紹介しました源信の、「そもそも極楽に生まれることは極難のことなのだ」という言葉が想起されます。

下品人というのは様々な悪業を積み重ねた人ですから、初めから下品往生を目指して修行を開始する修行僧は希だと思います。けれども修行が進めば進むほど、自分の救われ難さを思い知らされるということはあったでしょう。加えて指導者の源信が、自ら下品の往生を目指すと告げたことは、結衆《けっしゅ》の意識に大きな影響を与えたにちがいありません。二十五三昧会の結衆は、自らの愚かさを自覚し、真摯に往生極楽だけを目指した、清らかな修行者たちだったと言えましょう。

彼らが目指したのは臨終正念の成就でした。それが『往生要集』の教えに基づく思想であることはすでに本章第1項に述べた通りです。覚超伝には「臨終正念」という言葉が用いられています。『続本朝往生伝』には、このほか第十一桓舜《かんしゅん》伝、第二十三高明《こうみょう》伝、第二十五助慶《じょけい》伝、第二十八覚尊《かくそん》伝、第二十九賢救《げんぐ》伝、第三十五源章任《のりとう》伝に、「臨終正念」という語句が見えます。臨終正念の成就を願う信仰は、院政期の貴族社会に浸透し、やがて庶民の間にまで流布してゆくのですが、本伝の記述は、その潮流のきっかけの一つだったと思われます。

二十五三昧会の発足から三年後の永祚《えいそ》元年（九八九）、覚超は修善講《しゅぜんこう》という法会を発起します。その時覚超は十二年間の籠山修行中でした。故郷の母が病気だという知らせを受けたのですが、籠山中は下山を許されません。そこで覚超は、母のために山上で修善講を修したのです。その法要次第は、『修善講式』という著述となって現在に伝わっています。

覚超の実家は、現在の大阪府和泉市仏並《ぶつなみ》町にあります。覚超の父は、近江権大掾《ごんのだいじょう》を務めた池辺《いけべ》兄雄《あにお》という人です。その末裔《まつえい》池辺弘氏宅から、それまで知られていなかった覚超の著作『修善講式』が発見されました。昭和三十六年のことです。和泉市史の編纂のため池辺家の文書を調査された赤松俊秀氏が、講式の後半部分の存在に気付かれ、まもなく三浦圭一氏が前半部分を見つけ出されて、全文が明らかになったということです。前半部分は鎌倉時代の写本、後半部分は覚超の自筆草本だそうです。赤松氏の『続鎌倉仏教の研究』に全文が掲載されています。それによりますと、修善講というのは、父母・親族、そして郷内《ごうない》のすべての住人とその祖先の往生極楽を願って勤修される法要です。皆で経典を書写し、仏像を描き、それらを、人々の名を記した名帳《みょうちょう》と共に一基の卒塔婆《そとうば》の中に収め、そこで、弥陀・釈迦・十方諸仏諸菩薩を讃える言葉を唱えて一同の往生・成仏を願うのです。式文に「怨敵も親友も皆共に引導《いんどう》せん」という文言があります。怨親《おんしん》平等の救済を願う法要だったのです。

正暦《しょうりゃく》二年（九九二）、籠山行を終えた覚超は、『修善講式』を携えて故郷の母のもとに帰り、しばし看病のために滞在します。その間、郷内の人々を集めて修善講を勤修しています。この法会は覚超の帰山後も継続され、毎年九月九日に近郷の人々によって勤められたということです。

8 増賀——多武峯の聖人、隠遁を貫く

沙門増賀《ぞうが》は、参議《さんぎ》橘恒平《つねひら》の子です。比叡山に上り、慈恵大僧正良源に師事しました。若くして仏道を志し、以来ただ往生極楽だけを願って、世間の事には全く執着しませんでした。宮中

から出仕の要請があると、いつも奇異な行動をして任務を避けました。

円融天皇の后が出家される時、増賀は戒師となることを請われて参内しましたが、皇后の御前で放屁したうえ、「なにゆえ拙僧などをお召しになられたのか、合点がゆきませんな。嫪毒《ろうあい》のようなやつだ、とだれかが申しましたかな」などと喚《わめ》いたとか。嫪毒というのは、秦《しん》の始皇帝の后と密通した人物で、淫者の代名詞です。この暴言には、皆驚いて言葉を失ったということです。

師匠の良源が大僧正に任ぜられて宮中に上がる際、増賀は、鮭の干物を剣のように腰に差し、牝牛に乗って、師の先駆《さきがけ》を務めようとしました。まわりの者が諫《いさ》めましたが退かず、「私をおいてほかに師匠の先駆をつとめられるものはいない」と言い切ったそうです。

ある法会の講師に招かれて行く途中、説法の内容をあれこれと考えながら、はっとして立ちすくみました。名利《みょうり》のことが心に浮かんだからです。「悪魔のしわざだ」と思いました。名利を求めるような心が少しでもあるならば、決して説法などしてはならないと思ったのです。法会の主催者と言い争いになりましたが、結局講師を辞退して帰りました。

臨終の日、囲碁をしたり、泥障《あおり》という馬具を首にかけて「胡蝶《こちょう》」を舞ったりと、これまた奇怪なことをするものですから、弟子の仁賀《にんが》が理由を尋ねました。増賀は、「若い頃、人が囲碁をするのを見て、自分もしてみたいと思ったことがある。小僧がふざけて泥障を首にかけて胡蝶を舞うのを見て、おもしろいと思ったことがある。長らく忘れていたが、今ふと思い出したのでやってみただけだ。これでもう思い残すことはない」と言いました。

それからはただ念仏するのみでした。僧房に奇瑞が現れました。増賀は辞世の句を詠みました。

「みつわさす八十《やそじ》あまりの老いのなみ　海月《くらげ》の骨に逢ひにけるかな（八十年齢《よわい》重ねてきたけれど希有の教えに遇えたしあわせ）」と。


『別記』によりますと、増賀が不調を訴えて床に臥したのは、長保四年（一〇〇二）冬のことでした。翌五年六月八日の午後、沐浴の後、人を集めて仏の三十二相を讃える文を読ませ、続いて辞世の歌を詠みました。翌朝、自ら起き上がって西方に向かい、やや長い間念仏し、金剛合掌《こんごう》の姿で、坐ったまま息を引き取ったということです。享年八十七歳。遺骸は長らく腐敗せず、美しい姿を保っていたそうです。


『続本朝往生伝』第十二増賀伝です。本伝末尾に、「別記に云く」として付記がありますが、出典は未詳です。

増賀（九一七〜一〇〇三）は、良源の弟子の中でも特に論義に秀でていました。良源から応和《おうわ》の宗論への出仕を命ぜられたほどです。応和の宗論は、応和三年（九六三）八月、宮中で行われた法華十講で、外護者《げごしゃ》の藤原師輔が亡くなった後、良源が自らの地位を確立するために企画した法会でした。良源は、論義で得た名声によって藤原摂関家の信頼を獲得し、それを背景に破竹の勢いで出世してきたのです。師輔の支援を受けたこと、師輔の息男尋禅を託されたこと等々は、すでに述べたところです。これにより比叡山の経済基盤が確立したわけですが、反面、良源・尋禅の師弟が主導権を握った教団の中に、世俗の権力が介入してきたことも確かです。そのような情勢に批判的だった増賀は、宗論への出仕を辞退し、比叡山を下りて大和の多武峯《とうのみね》に隠遁します。

多武峯は、藤原鎌足《かまたり》の廟所として崇敬されてきましたが、十世紀半ばには延暦寺の別所《べっしょ》となっていました。増賀が多武峯に赴いたのは、如覚《にょかく》の懇請によるものとされています。如覚は、藤原師輔の息男で、尋禅の兄に当たります。俗名は藤原高光《たかみつ》、右近衛少将にまで昇った人物です。出家して比叡山横川に上りますが、そこではすでに良源・尋禅を中枢とする体制が出来上がっていて、如覚の入り込む余地はなかったのです。出家してもなお身の置き場のない不遇の貴公子は、大和の多武峯へと退き、かねて私淑《ししゅく》していた増賀を師匠として呼び寄せました。良源の元では生きてゆけなかった者同士だったのです。

如覚・増賀の入山以来、多武峯には多くの堂塔が立ち並び、数々の法会が催されるようになります。天禄元年(九七〇)には常行三昧堂が建立され、不断念仏が修されるようになりました。山の念仏は、比叡山から遠く離れた多武峯にまで伝えられたのです。

9 寛印――迎講の創始者、源信の教えを拠り所として

沙門寛印《かんいん》は、延暦寺横川楞厳院に住む優れた学僧でした。深く仏法を理解し、あらゆる経論に精通していました。論義にかけては彼の右に出る者はありませんでした。

師の源信僧都が、宋国からやってきた朱仁聡《しゅじんそう》という商人に会うために、越前敦賀《つるが》の港に赴いた時のことです。寛印は随従の弟子の一人でした。

朱仁聡が一帳の画像を取り出して僧都に見せ、「これは婆珊婆演底守夜神《ばさんばえんちしゅやしん》と言って、私どもが航海の安全を願って信仰している神です。ご存じですか」と尋ねました。僧都は、『華厳経』入法界品の中に、善財童子が婆珊婆演底守夜神を讃嘆する偈があるのを思い出しました。そこで自ら筆を取って画像の脇に、「見汝清浄身《けんにょしょうじょうしん》　相好超世間《そうごうちょうせけん》（きよらな姿を見上げれば　その身は世間に超えすぐれ）」と、その偈文《げもん》の第一行を書き記しました。そして寛印を呼び、続きを書き入れよと命じました。寛印はためらうことなく、「如文殊師利《にょもんじゅしり》　亦如宝山王《やくにょほうせんのう》（文殊のように気高くて　須弥王《しゅみおう》のように勇ましい）」と書いて筆を置き、師弟声を合わせてこの偈頌《げじゅ》を唱えました。

朱仁聡は感動して、僧都のために立派な椅子を用意させ、宋国から持参した珍しい品を贈り

ました。もし寛印が経文を忘れていたならば、日本国の恥となったでしょう。

後に寛印は諸国を歴訪し、晩年は丹後国に落ち着きました。その住房の側に、小さな溜池がありました。夜になると、こっそりと網をしかけて、魚をとろうとする輩がおります。寛印はやめるように言うのですが、どうしても聞き入れてくれません。寛印はなさけなくなり、夜な夜な池に向かって錫杖《しゃくじょう》を振り、心に仏を念じ続けました。すると翌朝、網には一片の鱗さえもかかっていなかったということです。

戒律を守って清らかな生活を貫き、懺悔法《さんげほう》を修することと、毎夜必ず『法華経』一部八巻を唱えることとを日課として生涯を過ごしました。聖教を読むことは怠ることなく晩年まで続けられました。命終の時には、身心乱れず、手に香炉を捧げ、念仏しながら西方に向かって息絶えました。


『続本朝往生伝』第十五寛印伝です。

寛印（生没年不詳）は源信の入室の弟子です。論義の俊才で、内供奉十禅師《ないぐぶじゅうぜんじ》に補《ほ》せられた記録がありますが、その他の伝についてはあまりよく知られていません。

本伝には、寛印が晩年を丹後国で過ごしたことを伝えていますが、『古事談』には、丹後国で迎講《むかえこう》という法会を始めたのは寛印であると述べられています。また『今昔物語集』に、丹後国守大江清定《きよさだ》の肝煎りで迎講を創始した聖人が、その法会の最中に極楽往生を遂げたという話が収載されています。その聖人は寛印だという説もあります。

迎講とは、念仏行者の臨終に極楽の聖衆が来迎する様子を具現化する法会です。観音菩薩を先頭に、諸菩薩の扮装をした列衆《れっしゅ》が練り歩き、臨終行者に見立てた小さな菩薩像を迎え取って蓮華台に乗せ、阿弥陀仏の待つ本堂に連れ帰ります。現在にまで受け継がれているその法式は、源信の発案によると言われています。

寛和元年（九八五）四月、『往生要集』を完成させた源信は、比叡山横川における阿弥陀念仏の指導者としての活動を開始します。翌寛和二年、横川首楞厳院の住僧たちによって二十五三昧会が結成されると、源信は指導者として招聘され、この法会の運営を担ってゆきます。二十五三昧会は、往生極楽を目指す僧侶の結社ですが、彼らは対外的な活動として、一般民衆を対象とした法会をいくつか催していたようです。その一つが迎講でした。

迎講は院政期に隆盛となり、後に紹介する永観《えいかん》（ようかん）（一〇三三〜一一一一）が、京都東山において勤修した際には、都の人々がこぞって参加したと伝えられています。参集者が自分自身の往生してゆく姿を心に描き出す効果をねらったこの法会は、「お迎え」の信仰の庶民層への浸透に大きな役割を果たしたことが推察されます。

ほかにも源信は、霊山院《りょうぜんいん》釈迦講や地蔵講などの法会を主宰して、民衆教化に努めています。霊山院釈迦講は、『法華経』に説かれる久遠実成《くおんじつじょう》の釈迦牟尼仏を本尊として、六道輪廻《ろくどうりんね》からの解脱《げだつ》を目指す法会です。阿弥陀念仏とは無関係のように思われますが、この法会に参集した僧侶の大半は、二十五三昧会の結衆であったことがわかっています。よって霊山院釈迦講は、二十五三昧会の活動の一環として行われたものと考えられます。

地蔵講は、地蔵菩薩を本尊として悪道からの離脱を願う法会です。源信の『地蔵講式』には、地蔵菩薩を礼拝し、その名を称《とな》えることによって、臨終に正念を得て極楽への往生を目指すという、この法会の趣旨が示されています。やはりこの地蔵講も、二十五三昧会の一環として、往生極楽を念頭に置いた法会だったのです。この頃の源信の活動は、すべて往生極楽のための実践につながるものと考えてよいでしょう。

寛印は霊山院釈迦講の結縁《けちえん》連名帳にその名を連ねています。二十五三昧会の過去帳には寛印の名は見えませんが、何らかの形で二十五三昧会にも関与していた可能性があります。

10 成尋——宋にとどまり、宇治殿を想いつつ

阿闍梨 成尋《じょうじん》は、智証大師円珍の門流に属する天台宗の学僧です。幼い頃に京都岩倉《いわくら》の大雲《だいうん》寺《じ》に入って学問修行に励み、智徳兼ね備えた高僧となりました。若くして論義の大業を完遂し、阿闍梨の称号を得ました。請われて宮中に出仕するようになり、名僧の誉れはいよいよ高まりましたが、晩年は名利を捨ててひたすら悟りを求める心境となり、法華法の修行に没頭するようになりました。

若い頃からの望みであった五台山《ごだいさん》への巡拝を決意し、宋国の孫忠という貿易商の船に乗り込んで、ひそかに中国に渡りました。宋の皇帝神宗《しんそう》が、成尋の徳に触れて感動し、尊崇を捧げました。成尋渡宋の翌年、熙寧《きねい》六年（一〇七三）、宋国ではこの年の初めから続いた大旱魃《かんばつ》に悩まされていました。三月になっても一滴の雨も降りません。皇帝は宮廷に成尋を呼び、祈雨のために法華法を修させました。修法は七日間に及びましたが、一向に雨の降る気配はありません。宮廷の貴族たちは少し不安になって、しきりに成尋に成否を尋ねます。ある日成尋が、「今夕を待たれよ」と答えました。するとその日の夕方、一天にわかにかき曇り、風が雲になったかと

思うと、堰を切って大雨が落ちてきました。怒濤《どとう》さかまき、四海豊かに水に覆われました。

皇帝は、成尋に善恵《ぜんえ》大師の称号と紫衣《しえ》とを捧げて誉め讃えました。さらに当時新たに翻訳された経典三百余巻を賜りました。成尋は、先に帰国する弟子にその経典を託して故国に送り届け、岩倉の大雲寺や宇治の平等院の経蔵に収められたということです。

死に先立つこと七日、成尋は自身の命終を察知し、弟子たちを集めて臨終の念仏を始めました。そして七日目、日時を違えず、西方に向かって息絶えました。滅後三日間、寺の中に安置されましたが、その間頭頂より光を放ちつづけ、姿勢を崩すことはありませんでした。膚《はだ》に漆を塗りこみ、金箔をちりばめますと、毛髪が伸びて、まるで生きているようでした。

『続本朝往生伝』第二十一成尋伝です。

成尋(一〇一一〜一〇八一)は、『参天台五台山記』の著者として有名です。延久《えんきゅう》三年(一〇七一)二月、京を発った成尋は、この年の十月に一旦帰京して荷物を整え、翌延久四年三月、肥前《ひぜん》国松浦《まつうら》で宋の商船に便乗して渡宋《とそう》します。四月に杭州《こうしゅう》に上陸して、天台山国清寺《こくせいじ》に至り、そこにしばし滞在します。その後首都開封《かいふう》に入って、皇帝神宗の知遇を得、五台山巡礼のための便宜をはかってもらったということです。こうして成尋は長年の望みを果たすことができたのです。その間の旅行記が『参天台五台山記』です。この書は、弟子の頼縁《らいえん》らの手によって日本に持ち帰られますが、成尋自身は帰国の機を逸し、宋の元豊《げんぽう》四年（一〇八一）、在宋九年にして彼地《かのち》で没し、天台山国清寺に葬られています。

渡宋の直前まで、成尋は岩倉大雲寺の別当を務めていました。また、二十年以上にわたり関白頼通の護持僧として、その側近に仕えていました。頼通の参謀としては、源隆国《たかくに》が有名ですが、成尋は隆国とも親しかったようです。

頼通が関白を辞して宇治平等院に隠棲したのは、治暦《じりやく》四年（一〇六八）のことです。隆国が平等院南泉房《なんせんぼう》に籠もるようになったのもその頃です。南泉房では、延久二年（一〇七〇）四月、隆国を中心とする学者や僧侶たちが、源信の『往生要集』の輪読会を催し、引き続いて『安養集《あんにようしゆう》』の編纂に取りかかり、翌年中にはこれを完成させます。『安養集』は、天台浄土教の義科《ぎか》要文集《ようもんしゆう》で、『往生要集』の綿密な研究を基礎として成立したものです。平安後期の天台宗における浄土教教理研究の進展を知ることのできる数少ない文献の一つです。成尋はこの『安養集』の編纂に参画していたようで、渡宋の際には、源信の著作と共に『安養集』を持参し、宋国の学僧に披露し、絶賛を浴びたということです。成尋は、その喜びを宇治の隆国に手紙で伝え、隆国もそれに対する返事を成尋の元に送っています。成尋には『観無量寿経』の註釈書があったようですが、彼の浄土教教理研究の成果は、平等院南泉房での活動に生かされたことでしょう。

成尋が宋国に渡ったのは、六十二歳の時です。その際彼の母親が存命で、息子の渡宋を悲しんでいます。六十の子を思う八十の母の気持ちは、『成尋阿闍梨母集』という書物に綴られて現在に伝わっています。

11 慶滋保胤――『日本往生極楽記』の著者、娑婆への帰還を誓って

慶滋保胤《よししげやすたね》は、賀茂《かも》忠行《ただゆき》の次男です。陰陽師《おんみょうじ》の家の出身でしたが、大学に入って学者として世に出ることを目指しました。頭脳明晰の上、文章も巧みで、ずば抜けた成績を修め、文章博士《もんじょうはかせ》菅原文時《ふみとき》の弟子となりますが、その門下の中でも首席でした。天暦の末年には、内御書所《うちのごしょどころ》に出仕することになりました。宮中の書物を司る役所です。「秋風桂の枝に生ず……」という沈約《しんやく》の詩を問う試験にただ一人及第して、文章生《もんじょうしょう》の位を得たためです。御書所での勤務成績も抜群で、京都での任官の資格を得ました。

ところが保胤には、「方略《ほうりゃく》の試」という上級官吏になるための試験を受けようという気持ち

がありました。文章生の中から優秀な者二人が選ばれて文章得業生《とくごうしょう》となり、国の給費をうけて七年間勉学して、それでやっと受けることのできる試験です。ただし、文章得業生になれるのは学者の家系の出身者のみです。それ以外の者は地方の役所に務めて受験の許可が下りるのを待たなければなりません。保胤はその道を選び、近江の掾《じょう》に任ぜられ、長年の苦労の末、遂に方略の試に合格しました。六位の時に著作郎《ちょさくろう》に任ぜられ、五位に上っても引き続きその任に当たりました。中務省《なかつかさしょう》の役人で、詔勅《しょうちょく》・宣命《せんみょう》を作り、また位記《いき》を書く役職です。ことに文章の上手な者が当てられました。彼の文筆のすばらしさは、今も人々の口にのぼるところです。

保胤は、少年の頃から極楽に心惹かれていました。自身の著作『日本往生極楽記』の序文に述べられている通りです。子息が成人するのを待って、寛和二年（九八六）、遂に出家したのです。法名《ほうみょう》は寂心《じゃくしん》といいます。出家の後は、日本全国を行脚《あんぎゃ》し、身をもって仏法を伝えてゆきました。仏像や経巻を見れば、必ず天皇に対するように威儀《いぎ》を正し、敬礼《きょうらい》の意を表しました。牛や馬に乗るときは、畜生の境遇に同情して涙を流しました。鳥や獣に対しても深い慈悲の心で接したということです。

長徳三年、京都東山の如意輪寺《にょいりんじ》で亡くなりました。ある人の夢枕に立ち、「極楽に往生した後、苦悩の衆生を救うため、今再び娑婆に帰ってきています」と告げました。その悟りの境地のいよいよ深いことが知られます。

『続本朝往生伝』第三十一慶保胤伝です。

慶滋保胤は、『日本往生極楽記』の著者として、また源信との関係で、すでに何度かご紹介した人物です。本伝には長徳三年（九九七）に亡くなったと記されていますが、実は長保四年（一〇〇二）の没であることが判明しています。生年は未詳です。本伝にもあるように、学者として栄達しましたが、いつの頃からか、仏教に深く心寄せるようになってゆきました。

天元五年（九八二）の著述『池亭記』には、五十歳頃の日常について、次のように述べています。

> 日々朝廷に出勤し内記《ないき》という官職にあるが、心は山中に住むがごとくである。家庭にあっては、朝、手を洗い口をすすいで、まず西堂に参って阿弥陀仏を念じて『法華経』を読む。食後は東閣《とうかく》に入って漢籍をひもとくというような生活である。

保胤には『十六相讃』という著作があります。『観無量寿経』の十六観の一つひとつに、七言四句の漢文の讃歌を作って、極楽浄土の荘厳《しょうごん》を礼讃したものです。ただし第九観のみは八句からなり、また十六観を終えた後に「心観《しんかん》」と称する結讃《けっさん》四句を添えています。十六観讃は、善導の『往生礼讃』日中礼讃《らいさん》や法照《ほっしょう》の『五会法事讃』にもあり、比叡山の不断念仏会で唱えられていたようです。ただし日本ではこの類の漢讃はほとんど作られていません。当代随一の文章家の手になる漢讃の文は、一読の価値があります。心観の文をご紹介しておきましょう。

弥陀《みだ》悲願《ひがん》叵思議《はしぎ》　観音勢至《かんのんせいし》亦若斯《やくにゃくし》　願令《がんりょう》三界四生類《さんがいししょうるい》　九品往生《くぼんおうじょう》一不遺《いちふい》

（弥陀の悲願は底知れず　観音勢至もまた同じ　娑婆のすべての生きものに　九品の往生とげさせる）

12 大江定基――保胤の弟子、宋国で客死

大江《おおえ》定基《さだもと》は参議斉光《なりみつ》卿の三男です。大学で学問を修めて蔵人所《くろうどどころ》の役人を務めた後、五位に叙されて三河守《みかわのかみ》に任ぜられました。文章道に優れ、和歌の才能にも恵まれていました。ある日、往生極楽を約束される夢を見ました。仏道を志す前には、狩猟を好んでいましたので、夢の話を聞いた人は定基を馬鹿にして、「往生できるような行いをしていないではないか」と言いました。

赴任した三河国で、愛妾が亡くなりました。恋慕の情に堪え難く、埋葬できずにいたところ、次第に腐敗してゆく様子を見て、悟りを願う心を発し、遂に出家しました。法名を寂照《じゃくしょう》と言います。長年仏道修行に努め、また乞食行《こつじきぎょう》を重ねて、世俗への執着を捨てました。京都東山の如

意輪寺に住んで寂心に師事しました。

寂心が亡くなった後、長徳（長保の誤）年中に、宋国の清涼山《せいりょうざん》への参拝を願う書状を朝廷に提出しました。幸いにも許可を得て、渡宋することになりました。出発に当たり、山崎の宝積寺《ほうしゃくじ》で母のために法華八講を勤め、静照《じょうしょう》を講師に招きました。すると五百人の出家希望者が集まって寺の周りに人垣ができ、車中で断髪して講師に差し出す女性もいました。聴聞の人は皆、静照の法話に涙したということです。

宋国に到着して清涼寺に入りました。夏安居《げあんご》の終わりの食事の席でのことです。寂照は列衆の末座にいました。高僧たちは、自分では台所に赴かず、次々に鉢を飛ばす修法を行い食事を受けていました。寂照の順番になりました。その修法をしたことがなかった寂照は、心中大いに恥じ、しばし日本の神仏に念をかけました。すると鉢が飛び上がって仏堂を三周し、食事を受けて戻ってきました。宋国の人たちは感動して涙を流し、「日本国は人を見る目がない。奝然《ちょうねん》を渡海させたのは、日本には人がいないことを露呈したようなものだし、寂照を入宋させたのは、人を惜しみなく流出させてしまったようなものだ」と言ったそうです。

長元七年（一〇三四）、杭州で遷化しました。臨終の時には奇瑞が顕著だったということです。辞世の絶句の中に、次のような言葉が見えます。

「笙歌《しょうか》遥に聴ゆ孤雲の上　聖衆来迎す落日の前（笙鳴らし遥か彼方の雲間より　迎えの聖衆夕日を背負

って)」と。

また和歌を一首詠みました。

「雲の上に遥かに楽《がく》の音すなり　人や聴くらむ虚耳《そらみみ》かもし（雲の上に遥かにひびく楽の声　聞こえているのは私だけかも)」と。

『続本朝往生伝』第三十三大江定基伝です。

大江定基（?〜一〇三四）は、本伝にあるように三河守在任中に官職を捨てて出家し、寂心（慶滋保胤）の弟子となりました。法名を寂照といいます。永延《えいえん》二年（九八八）四月のことでした。狩猟を好むような生活をしていた寂照が、寂心を訪ねて発心の経緯を述べた時、寂心は自著『日本往生極楽記』序文より、次の文言を示したと言われています。

『往生西方浄土瑞応刪伝』には四十人余の往生者を載せますが、その中には牛を屠《ほふ》り鶏を売った者もあります。そのような者も、善師に遇って十念仏すれば往生することができるのです。私はその伝を見て、いよいよ往生の願いを強固にしました（11頁参照）。

唐の少康《しょうこう》・文諗《もんしん》が著した『往生西方浄土瑞応刪伝』は、寂心が手本とした書です。そこに、寂照の救われる道が示されていたのです。寂照は寂心の教えによって阿弥陀念仏の道に入り、また同時に中国への憧れを持つようになったのでしょう。寂心が最初に入宋の願いを提出したのは永祚元年（九八九）三月、出家の翌年のことでした。

その直前には、日本で最初の入宋僧奝然（九三八〜一〇一六）が帰国しています。奝然が将来した釈迦像は、後に清涼寺に安置されて信仰を集めます。寂照が入宋《にっそう》を決意したのは、奝然の影響によるところも大きかったと思われます。

わずかながら本伝中に、奝然への言及が見えます。奝然を渡海させたことによって、日本には彼のほかに有能な指導者がいないことが露呈したと言い、寂照が入宋したことによって日本は貴重な人材を失ったと評価しているのです。

三

拾遺往生伝

後拾遺往生伝

1 最澄——山家の大師、遺戒を定めて

比叡山根本大師最澄《さいちょう》は、俗姓を三津《みつ》氏と言います。近江国志賀《しが》郡の出身です。後漢の献帝《けんてい》の末裔《まつえい》で、応神《おうじん》天皇の頃に来日し、三津首《みつのおびと》の姓を賜って志賀の地に定住した一族の子孫です。

父の名は百枝《ももえ》と言います。長らく子に恵まれなかったので、神々に祈ることにしました。昔、比叡山の左脚神宮《さきやくじんぐう》に参詣した時、香気あふれ心落ち着く場所があったので、そこに草庵を結んで香花を供えたことがありました。現在の神宮禅院《じんぐうぜんいん》がそれです。百枝は七日間の予定でその草庵に籠もり、一心に子宝を祈りました。すると四日目の暁に仏の示現を得て、男児を授かりました。誕生は神護景雲《じんごけいうん》元年（七六七）のことでした。

生まれながらに聡明で、見聞きしたことは決して忘れませんでした。言葉を交わした人は皆、神の智恵を持つ子だと言いました。父母はそんな噂が広がることを恐れて、子を人前に出しませんでした。

七歳にして並ぶ者がないほどの学才を顕わしました。仏教を志し、かつ陰陽道や医学、工芸にも通じ、村の学校の先生になってほしいと言われました。

ところが父はそれを許さず、仏道修行を勧めて、「私は昔、神宮禅院で三宝に祈り、お前という子を授かった。お前も早くそこに詣でて新たな誓願《せいがん》を立てよ。それに私は七日間の予定で参籠し、四日目に願いがかなったので、三日分不足している。それをお前に補ってもらいたい」と言いました。

『別伝』に次のように述べられています。「十二歳の時、近江の国師行表《こくしぎょうひょう》のもとで出家して学問を始め、主として唯識《ゆいしき》の書を学びました。二十歳の時、具足戒《ぐそくかい》を受けて正式の僧侶となりました」と。また、「麻の実ほどの大きさの舎利《しゃり》を手に入れました。ところがほかの修行が忙しかったので、しばらく礼拝《らいはい》を捧げることもなく、数箇月の間、布に包んで倉の軒下に懸けたままにしていました。あるときふと思い出して、袋を開けて見たところ、舎利がなくなっていました。釈尊の入滅に遭遇したかのように、恋慕し涕泣《ていきゅう》しました。先哲の言葉に従い、布を懸けていた倉の軒下の土を掘って、一心に願いをかけると、土の中から舎利が出てきました。大喜びで捧げ頂き、以後は怠ることなく舎利を礼拝しました」と言われています。

最澄は父の命に従って禅院に参籠しました。するとまもなく香炉の中より仏舎利《ぶっしゃり》一粒が現れました。麻の実ほどの大きさでした。また香炉の灰の中より金の花の形をした器が現れました。

菊の花ほどの大きさでした。その器に舎利を盛って頂礼《ちょうらい》すると、不思議な現象が起こったということです。

延暦四年（七八五）七月、十九歳の時、初めて比叡山に上り、草庵を結んで止住《しじゅう》しました。粗末な衣を着、粗食に努めました。四恩（父母の恩・衆生《しゅじょう》の恩・国王の恩・仏の恩）を思って『法華経』を読誦《どくじゅ》し、『金光明経《こんこうみょうきょう》』や『般若経《はんにゃきょう》』の文を唱えました。あらゆる聖教《しょうぎょう》を学んで、深淵の教えを理解しました。延暦十六年、三十一歳の時、智慧・徳行《とくぎょう》を認められて内供奉十禅師《ないぐぶじゅうぜんじ》という、天皇を護持する職に任ぜられ、さらに近江国の税をもって比叡山の運営費に充てるという、国からの通達《つうたつ》を受けました。翌十七年冬十一月、山上で法華十講の法会《ほうえ》を始め、以降これを比叡山の年中行事としました。延暦二十年十一月には、比叡山一乗止観院《いちじょうしかんいん》に南都の高僧十名を招いて法華三部経の講座を開き、諸宗の立場から様々な問題を議論してもらいました。

最澄は、かねてより唐に渡って天台学を学ぶことを希望していました。その実現を願って、延暦二十二年閏十月二十三日、九州大宰府《だざいふ》の竈門《かまど》山において、薬師如来像四体を造り、あわせて『法華経』『涅槃《ねはん》経』『華厳《けごん》経』『金光明経』などの講義を行いました。

翌二十三年（唐の貞元《じょうげん》二十年）秋七月、遣唐使《けんとうし》一行とともに出国し、唐の明州《めいしゅう》に到着しました。長安《ちょうあん》に向かう遣唐使一行を見送った後、九月下旬には台州《たいしゅう》天台山国清寺《こくせいじ》に入りました。多くの僧が慰労し、寺に迎え入れてくれました。そして、「昔、西域の僧迦葉摩騰《かしょうまとう》と竺法蘭《じくほうらん》が洛陽《らくよう》の白馬寺《はくばじ》に仏教を伝えたと聞く。我らは今幸いにして、日本の阿闍梨《あじゃり》が『法華経』の教えを日本に伝える場面に立ち会うことができた」と言いました。

台州の刺史陸淳《ししりくじゅん》が最澄の志に感激し、修禅寺《しゅぜんじ》の座主道邃《どうずい》のもとで天台の聖教を書写することを許可してくれました。道邃は最澄に教えの真髄を示し、すべての法門を伝授するとともに、菩薩戒を授けてくれました。

『別伝』に次のように述べられています。「大宰府の竈門山で、四隻の船の安全を願って、香木で薬師仏の像四体を造りました。高さ六尺余りで、無勝浄土善名称吉祥王《むしょうじょうどぜんみょうしょうきちじょうおう》如来と名づけられたということです」と。また、「延暦二十三年秋七月、第二船に乗って西方を指して出航しました。ところが海上で突如大風に遭いました。浸水が激しく、皆悲観して死を覚悟しました。その時最澄が種々の願を発し、大悲心を起こして、持参した舎利を海龍王《かいりゅうおう》に供えたところ、大風は止み、順風が吹き始めました。ほどなくして岸に着きました。そこが明州でした」と述べられています。

最澄は道邃の教えを漏らすことなく承りました。また仏隴寺《ぶつろうじ》の座主行満《ぎょうまん》からも教えを受けることになりました。行満は、「天台智者大師が弟子に、〈私が死んで二百年余り後に、東の国で私の教えを広めようとする者が現れる〉とおっしゃったという話を聞いたことがある。大師の言葉は真実であった。今目の前にいらっしゃる、このお方である。私が承けた教えは、すべてこの日本の阿闍梨に伝授しよう」と語ったそうです。

翌貞元二十一年（延暦二十四年）四月、帰国のため一旦明州の港に戻って遣唐使一行と合流しますが、最澄はそこからさらに越州《えっしゅう》の龍興寺《りゅうこうじ》に赴きました。出航までの時間を利用して、密教の聖教を収集しようとしたのです。そこで泰山霊巌寺《たいざんれいがんじ》鎮国《ちんこく》道場の大徳 順暁《じゅんぎょう》阿闍梨に出遇いました。善無畏《ぜんむい》三蔵の孫弟子で、宮中に出仕する高僧でした。順暁は最澄を灌頂壇《かんじょうだん》に迎え入れて、三部三昧耶《さまや》の印信《いんじん》による灌頂を伝授し、あわせて密教典籍や図像・法具などを授けました。こうして唐での活動を終えた最澄は、五月中旬に明州より出航し、六月に帰国、長門《ながと》に到着しました。

『別伝』に次のように述べられています。「法門伝授の書に、〈大唐国玄宗皇帝の開元年間、婆羅《ばら》門国《もんこく》の王子善無畏《ぜんむい》三蔵が、インドのナーランダ寺より仏法を携えて大唐国に到来し、弟子義林《ぎりん》に法門を伝授しました。義林は国師大阿闍梨となり、百三十歳となった現在では、新羅《しらぎ》国で仏法を説いています。また義林は大唐国において弟子 順暁《じゅんぎょう》に法門を伝えました。この人が鎮国道場の大《だい》徳《とく》阿闍梨で、日本の内供奉大徳最澄に法門を伝授し、教えを広めさせました〉と記されています」と。

唐より持ち帰った天台・真言の聖教は、あわせて二百四十部四百六十巻もあり、法具などと共に宮中に献呈されました。天皇の命を承けた大学頭《だいがくのかみ》和気《わけ》弘世《ひろよ》は、最澄将来の天台典籍を天下に流布《るふ》させるため、図書寮《ずしょりょう》に命じて七部ずつ書写させ、南都《なんと》の七大寺に配布安置させました。延暦二十四年九月一日、清滝《きよたき》の高雄山寺《たかおさんじ》において日本で最初の灌頂会《かんじょうえ》を催し、三部三昧耶《さまや》の印信による灌頂を伝授しました。同月十六日には、天皇より入唐受法ならびに三部三昧耶の妙法伝授を証明する公験《くげん》を頂戴しました。

弘仁《こうにん》三年（八一二）七月には、比叡山に法華三昧堂《ほっけさんまいどう》を建立し、浄行《じょうぎょう》の僧数名を選んで昼夜不断に『法華経』を読誦させました

『別伝』に次のように述べられています。「行満座主が自ら筆を執って、〈比丘行満、天台大師の尊前に平伏礼拝《へいふくらいはい》して申し上げます。私は幸いにして天台の教えに遇うことができました。若年に出家して仏法を学ぶことを誓い、遂に毘陵《びりょう》（江蘇州《こうそしゅう》常州《じょうしゅう》、晋陵《しんりょう》とも言う）において大暦《だいれき》年中、荊渓湛然《けいけいたんねん》師に値遇することができました。その末席に長らく列しておりましたが、妙楽寺《みょうらくじ》において湛然師の『涅槃経』の講義を聴聞する機会に恵まれました。その教えは仏教の窮極であり、我が成仏の種となり得るものです。師は仏隴寺に帰って余生を送り遷化《せんげ》されました。我ら門弟は母を失った仔牛のように途方にくれました。銀峰《ぎんほう》において荼毘《だび》に付されました。私は依り所を失い、墳墓《ふんぼ》を

清掃し、堂宇《どうう》を補修して、二十余年、空虚に過ごしてまいりました。そんな時に突如、日本国の求法僧内供奉最澄に出遇うことができたのです。鬼に身を差し出して半偈を求めた雪山童子《せっせんどうじ》の心境と同じです。私は修得した法門のすべてを最澄に授けたいと思います〉と記したということです」と。

その後、弘仁五年の春には、渡海の願を解くため筑紫《つくし》国に向かい、宇佐八幡《うさはちまん》の神宮寺《じんぐうじ》において『法華経』を講じました。宇佐八幡が託宣《たくせん》して、「仏法を聞くことなく久しく空虚な年月を重ねてきましたが、今和尚に出遇い、正しい教えを聞くことができました」と言い、自ら斎殿《いみどの》の扉を開き、紫の袈裟《けさ》と紫衣《しえ》とを献呈しました。その法衣《ほうえ》は今も比叡山に伝わっています。また豊前《ぶぜん》国賀春《かはる》の神宮寺において、最澄が『法華経』を講じたところ、紫雲がたなびいたということです。

弘仁六年三月には、先帝桓武天皇が自ら筆写された天台聖教の表装《ひょうそう》が出来上がってきました。中国では昔、梁《りょう》の武帝が達磨《だるま》大師の碑を書き、唐の大宗（高宗の誤）皇帝は慈恩寺《じおんじ》の碑を書き、則天武后《そくてんぶこう》は花厳《けごん》の題を書き、代宗《だいそう》皇帝は大聖文殊閣《だいしょうもんじゅかく》の額を書いて、その筆跡は今に伝わっています。現在日本の弘仁《こうにん》の文武聖帝《ぶんぶせいてい》（嵯峨《さが》天皇）が書かれた摩訶止観《まかしかん》の題字も、大切な宝物であり、南都七大寺に安置して末代に伝えようとされています。

弘仁六年秋八月、最澄は大安寺《だいあんじ》で『法華経』の講座を催しました。続いて誓願を発して東国に向かい、『法華経』二千部を書写し、上野《こうずけ》・下野《しもつけ》両国に宝塔を建て、それぞれに千部ずつを奉安し、連日『法華経』の講義をしました。最澄は、「南岳慧思《えし》・天台智者《ちしゃ》両大師は昔、霊鷲《りょうじゅ》山《せん》において共に『法華経』を聞き、菩薩の三聚浄戒《さんじゅじょうかい》を受けられた。智者大師は灌頂師に法門を授け、さらに智威《ちい》・恵威《えい》・玄朗《げんろう》・湛然《たんねん》・道邃《どうずい》・最澄・義真《ぎしん》と順に伝授がなされた。今我ら天台の学徒は、大乗の戒《かい》・定《じょう》・慧《え》を開いて、南都に伝わる小乗の行が下劣の法門であることを明らかにしなければならない」と言ったそうです。

弘仁十三年夏四月、弟子を集めて言いました。

「私が死んでも喪に服することはない。山では酒を飲むな。これを守れぬものは破門《はもん》し、ただちに山から追い出せ。薬として置いておくことも許さない。女人を寺院内に入れてはならぬ。側に近づけてもいけない。私は今日まで、乱暴な言葉で人を罵ったり、鞭《むち》をもって人を打ちつけたりしたことはない。お前たちにもそうあってほしい。特に小僧さんは大切に育てよ。しっかりとつとめよ」と。

『別伝』に次のように述べられています。「信心を得た弟子が十四人いました。薬芬・円成・慈行・延秀・花宗・真徳・興善・道叡・乗台・興勝・円仁・道紹・無行・仁忠です。修行の始めから法友として起居を共にし、入唐に同行し、あるいは比叡山の運営に当たるなど、妙法の弘通《ぐずう》を助けた人もあり、あるいは教えを受けて心の垢《あか》を洗い流し、また共に暮らして悟りを得た人もありました。共に暴れ馬のような心を鞭打って悟りに向かい、心を涅槃の城に安住させようと努めてきたのです」と。また、「伝灯大法師位に昇って講師・複師《ふくし》を勤めた弟子は、義真・円澄・光定・徳善・徳円・円正・正円・円修・円仁・仁恵・道叡・道紹・興善・興勝・仁徳・乗台です」と述べられています。

また遺誡《ゆいかい》として六箇条を定めました。「第一に着座の順序。天台宗内の集会では、大乗戒を受けた順に坐せ。他宗同席の場合は、声聞戒《しょうもんかい》の順に坐せ。第二に心の用い方。初めに如来の室に入る気持ちで大悲心《だいひしん》を起こし、次に如来の衣を着る気持ちで忍辱心《にんにくしん》を起こし、最後に如来の座に坐る気持ちで真実心を起こせ。第三に着衣。上品人《じょうぼんにん》は路上で拾った糞掃衣《ふんぞうえ》、中品人《ちゅうぼんにん》は東国商人から買う粗末な麻布、下品人《げぼんにん》は壇越《だんおつ》の供養による布を着けよ。第四に供物。上品人は求めずして得た食、中品人は乞食で得た食、下品人は壇越の供養による食を取れ。第五に住房。上品人は笹で編んだ草庵、中品人は三間の板屋《いたや》、下品人は方丈《ほうじょう》の個室に住め。第六に座具《ざぐ》。上品人は笹や藁《わら》、中品人は筵《むしろ》や菰《こも》、下品人は畳や席を用いよ」と。

弘仁十三年六月四日午前、比叡山中道院《ちゅうどういん》においてついにその五十六年の生涯を閉じました。

臨終の時、色とりどりの雲がわき起こって日が翳り、松の木を揺する風も、沢《さわ》にわき出る水も悲しみに咽ぶようでした。近江湖東の人々は、比叡山の北の峰に不思議な雲がかかっているのを見て、何かあったにちがいないと言い合いました。遷化《せんげ》の報を聞き、国中の人が悲しみました。冬十一月になって嵯峨天皇が、「澄上人を哭《こく》す」という漢詩を詠んで、最澄の死を悼《いた》みました。時の名士たちもそれに倣って数々の詩を贈りました。梁の武帝が達磨大師を悼み、唐朝の群臣が法琳《ほうりん》の死を悲しんだ時と同じようでした。

『別伝』に次のように述べられています。「注釈・編書・著述として、『注法華経』十二巻、『注金光明経』五巻、『注仁王経』三巻、『注無量義経』三巻、『天台霊応《れいおう》図集』十巻、『頭陀《ずだ》集』三巻、『守護国界章』十巻、『法花《ほっけ》去惑《こわく》』四巻、『法花輔照《ほしょう》』三巻、『照権実鏡』一巻、『決権実《けつごんじつ》論』一巻、『依《え》憑《ひょう》集』一巻、『新集総持《そうじ》章』十巻、『顕戒《けんかい》論』三巻、『顕戒縁起』二巻、『血脈《けちみゃく》』一巻、『付《ふ》法縁起《ほうえんぎ》』三巻、『長講願文』三巻、『六千部法花経銘』等があります」と。また、「平生《へいぜい》から仕えていた門弟が数百人、そのうち奥義を授かった者が二十余人いました、義真と円澄の二人が首座でした」と述べられています。

弘仁十四年二月二十六日、勅命によって寺の額を賜り、以後比叡山寺の名を改めて、延暦寺と名のるよう命ぜられました。貞観八年七月十二日、勅命により法印大和尚《ほういんだいかしょう》の位を賜りました。

『別伝』に次のように述べられています。「先師は存命の頃、常におっしゃっていました。〈あなたたちとは宿縁《しゅくえん》の催しによって、遂に今生《こんじょう》にお遇いすることができました。比叡山の同行たちよ、この上は今生後生に、心を傾けて仏道を求められよ。くれぐれも安易な心を起こしてはなりません〉」と。また、「大師は若年にして坐禅を学び、高名を朝野《ちょうや》に馳せました。長じては衆多《しゅうた》の仏典を読破し、名声を近隣諸国にまで轟かせました。心静かに修行に邁進すること三十有余年に及びました。尼連禅河《にれんぜんが》の甘露《かんろ》の水を汲んで悟りを開かれた釈尊のようでした」と述べられています。慶滋保胤の『日本往生極楽記』や大江匡房の『続本朝往生伝』には最澄の伝はありません。畏《おそ》れ多かったからでしょうか。ここでは、結縁《けちえん》のためにごく一部を掲げておきます。

本章では、三善為康《みよしためやす》（一〇四九〜一一三九）の『拾遺往生伝』『後拾遺往生伝』をご紹介します。

為康は越中国射水《いみず》郡の出身です。上洛して算博士《さんはかせ》三善為長《ためなが》に師事し、その養子となりました。算道《さんどう》・紀伝道を学んで、少内記《しょうないき》・算博士・諸陵頭《しょりょうのかみ》などを歴任し、正五位下まで昇った官僚です。幼少の頃から観音を信仰し、老境に至っては往生極楽を目指して一日一万遍の念仏を日課としたと言われています。保延《ほうえん》五年八月四日、九十一歳で亡くなります。臨終の時には、阿弥陀如来に向かい、多年の念仏の功徳《くどく》によって必ず引接《いんじょう》をたまわらんことを祈請《きしょう》しつつ没したということです。『本朝新修往生伝』にその伝が収載されています。

『拾遺往生伝』序によると、承徳《じょうとく》二年（一〇九八）八月四日の暁、臨終に備えて十念仏の修行をした際、阿弥陀仏の来迎を得て往生の印可を授かる夢を見たと言い、また康和《こうわ》元年（一〇九九）九月十三日には、四天王寺に参籠して、百万遍念仏によって往生極楽を願い、仏舎利三粒を得たと述べています。それに感激し、結縁と勧進《かんじん》のため、匡房の『続本朝往生伝』を引き継いで往生人の伝を集めたということです。上中下三巻からなり、あわせて九十四人の往生人の伝が収められています。

為康は『拾遺往生伝』を書き終えた後、さらに史料を集めて『後拾遺往生伝』三巻を著します。やはり上中下三巻よりなり、七十五人の往生人の行状《ぎょうじょう》が列記されています。

本項は『拾遺往生伝』上巻第三最澄伝です。

最澄（七六七？～八二二）は誰もが知る天台宗の宗祖ですが、『日本往生極楽記』にも『続本朝往生伝』にも記載がありません。その点を為康は、「慶氏の記、江家の伝、もて遺漏《いろう》す。若は憚《はばか》るところあるか」と述べていますが、むしろ保胤にも匡房にも、最澄を極楽願生者とする認識がなかったためと思われます。最澄の著作にも、初期の伝記にも、彼が往生極楽を目指したことを立証できるような記述はありません。本伝は最澄の直弟子仁忠《にんちゅう》の著した『叡山大師伝』を下敷きにしていますが、そこでも往生極楽のことには触れられていません。ただし本伝にある臨終の奇瑞は、『叡山大師伝』の記述そのままです。「往生伝」の作者にとっては、往生の奇瑞と解釈するのに十分なものだったと言えます。

2 相応——回峯行の創始者、不動明王に導かれ

無動寺《むどうじ》の相応《そうおう》和尚は、俗姓を櫟井《いちい》氏と言い、近江国浅井《あざい》郡の出身です。孝徳《こうとく》（孝昭《こうしょう》の誤）天皇の子孫で、天帯彦国押人命《あめたらしひこくにおしひとのみこと》の末裔です。父はとてもやさしい人で、村中の人々から尊敬されていました。子宝に恵まれなかったので、神仏に祈っていました。すると天長《てんちょう》八年（八三一）、母が剣を呑む夢を見て懐妊し、やがて和尚が生まれました。その日は、屋根の上に紫煙《しえん》が昇り立ち、部屋中に香気が溢れました。それを見た者は皆、不思議な気持ちになったということです。幼い頃から酒肉五辛《しゅにくごしん》の臭いを嫌がりました。父母は家族とは別の器を用意して、野菜だけを与えました。成人してからは僧侶とばかり親交し、俗人には近づきませんでした。

承和二年（十二年の誤、八四五）、十五歳の時、鎮操《ちんそう》大徳に随って比叡山に上り、十七歳で出家、

十善戒《じゅうぜんかい》を受けて沙弥《しゃみ》となりました。修行の合間に、花を摘んでは根本中堂と円仁の房舎《ぼうしゃ》に供え、数年の間一日も欠かしませんでした。円仁が感心し、彼を呼んで言いました。「数年来お前を見守って来たが、毎日花を供えて、信心堅固な求道者《ぐどう》である。お前を次の延暦寺分の度者《どしゃ》に推挙したい」と。

斉衡《さいこう》元年（八五四）のことです。数日後、度者一人が勅許《ちょっきょ》になりました。その夜、彼は中堂に参籠し、得度受戒《とくどじゅかい》に備えていました。すると一人の沙弥が、五体投地の礼拝《らいはい》をし、涙を流して受戒させてほしいとすがりついてきました。尋ねてみると、円仁の内弟子だということです。譲ってやることにして、「このたびの受戒は、こちらの方にたまわりますよう」と申し出ました。円仁は弟子を集め、「この法師は、人を先にして自分は後にという、大乗菩薩道を心得た人である。きっと善い果報に恵まれることだろう」と、誉め讃えました。

その夜、夢に薬師如来が現れ、「自ら退いて先に人を得度受戒させた。良いことをした」と頭を撫《な》で、成仏の印可《いんか》を授けたということです。

斉衡二年二月、西三条大納言藤原良相《よしみ》卿からの通達で、円仁門下に度者一人を許可するとのことでした。良相卿の書状には、「信心厚く勤勉な行者を、私の代度者《だいどしゃ》として得度させよ。私に代わって仏道を修めてくださる方を、今生はもちろん、来世でも師と仰ぎたい」とありました。円仁は迷うことなく彼を選びました。

「これはお前の善行に相応して生じた良縁である。よってお前を相応と名づける。相は良相卿の一字を頂いたということにしよう。受戒の機会を人に譲るという徳がなかったならば、このような幸運には恵まれなかっただろう」と。

この時、相応は二十五歳でした。それから十二年間の籠山を誓って、本格的な修行を始めました。その年の八月、円仁は相応に不動法と別行儀軌《べつぎょうぎき》護摩《ごま》法《ほう》などを授けました。相応の修法が教えに忠実で、あまりにもみごとだったので、円仁は、「不動明王が日本国に現れて比叡山に留まられたようだ」と讃えました。その後、薬師如来の示現《じげん》によって、比叡山の南峰に草庵を構え、そこで修行に専念したということです。

貞観《じょうがん》五年（八六三）、相応は等身大の不動明王像を造らせましたが、仏師が未熟で厳かさに欠けていました。そこで別の材木を求めて、あらためて造らせようとしていると、夢に不動明王が現れて、「別の材木を使ってはならない。私が腕利きの仏師《ぶっし》を遣わして、造り直させるから……」と告げました。そうするうちに、仁算《にんさん》という立派な仏師がやってきて、その像を手直しすると、申し分のないみごとな不動明王像が完成しました。貞観七年、仏堂を建立して、その像を中尊《ちゅうそん》に安置し、無動寺と名づけました。

その頃、皇后に天狗《てんぐ》が取り憑いて、皆が困り果てていました。数箇月もの間、誰の手にも負えません。天狗は、「三世の諸仏が一挙にかかってくるようなことでもなければ、俺をやっつけることなんてできない」と豪語しています。相応が宮中に呼ばれましたが、三日を経ても何の効き目もありません。無動寺に帰って不動明王に助けを求めました。するとくるりと明王は相応に背を向けます。回り込んで正面に坐ると、明王はまた横を向いてしまいます。「あなただけが頼りなのに、どうしてそっぽを向くのですか」と涙ながらに訴えました。すると明王は言いました。

「たとえひとたびでも不動明王呪《じゅ》を唱えた者は、幾度生まれかわろうとも必ず我が加護《かご》を得られるであろうと誓ったのだ。そのため汝の願いを聞き入れられず、目をそらせた。その経緯を話そう。昔、紀僧正《きのそうじょう》という人がいて、我が明呪《みょうじゅ》を唱えていたのだが、邪執《じゃしゅう》を起こして天狗道に堕ち、いま皇后に取り憑いている。私は本誓によってこの天狗を護持せざるをえない。そこで汝にたのみがある。いますぐ宮廷に戻り、天狗に耳打ちせよ。〈あなたは紀僧正の後身、柿下《かきのもと》の天狗ですか〉と。天狗はうなだれるにちがいない。その隙に大威徳呪《だいいとくじゅ》を唱えれば、天狗をからめ取る機会が得られるだろう。私も駆けつけて、彼の邪執を取り除き、仏道に赴かせるよう努力する」と。

相応はその言葉に従って天狗を降伏《ごうぶく》し、やがて皇后の病は癒えたということです。

師の円仁が亡くなった翌々年、貞観八年七月のことです。相応は朝廷に上奏《じょうそう》して、中国の例に倣《なら》い、故円仁に諡号《しごう》を賜るよう要請しました。朝廷では、「円仁の師最澄も未だ賜っていない。師弟の序を乱すわけにはいかない。思うに、両者とも仏法弘通《ぶっぽう》の功績顕著にして甲乙つけがたい」ということで、最澄に伝教大師、円仁に慈覚大師の諡号を賜りました。日本における最初の大師号です。

延喜十一年（九一一）、八十歳になりました。相応は、「公私の縁によって雑用に従事し、修行に没頭することができなかった。今後はすべての雑用を捨てて、禅室に籠もろう」と誓いを立てました。

延喜十五年、本尊不動明王に向かって来世の往生を願ったところ、夢に明王が現れ、相応を抱え挙げて須弥山《しゅみせん》の頂上の磐石《ばんじゃく》に坐らせ、十方浄土を眺めさせて、「願いのままに往生せよ」と言いました。そこで相応は兜率天《とそつてん》の内院への往生を願いました。夢の中で、兜率天の外院《げいん》にまで到達しました。するとすでに内院《ないいん》に生まれていた慈慶《じきょう》大徳が純金の師子に乗って現れ、相応を迎えてくれました。そして、「私は『法華経』を読誦した功によって兜率の内院に生まれた。そなたも早く本寺に帰り、一心に『法華経』を読誦なさい」と告げました。以後相応はひたすら『法華経』の読誦に努めました。

延喜十八年十月、無動寺の本尊に向かって、右膝を地に着けて礼拝し、親に旅立ちの挨拶をするかのように丁寧に、最後の謝辞を捧げました。十一月二日、さらに山奥の草庵に移ると、焼香散華《さんげ》の後、西方《さいほう》に向かって南無阿弥陀仏と称《とな》え始めました。その容貌音声《おんじょう》は、常に増して厳かで美しいものでした。念仏の声が途絶えたのは翌日の夜のことです。八十八歳でした。瑞《ずい》雲《うん》が峰にわき立ち、香気が室に溢れました。山上の僧も京都の民も、父母を喪《うしな》ったように悲しみ、大津の町の人々は、中堂の南より美しい音楽が流れて来るのを聞き、希雲が起こるのを見たということです。往生極楽の相でした。

相応は、上山《じょうざん》より遷化《せんげ》に至るまで、常に持戒堅固でした。酒やバターの味は知らず、前日の残り物は口にしませんでした。女人が縫った衣や、絹の服は着ませんでした。皮の靴は履かず、車馬には乗らず、食事や入浴の決まりは破ることがありませんでした。行道《ぎょうどう》の際は脇目もふらず、手足を伸ばして眠ることはありませんでした。正午を過ぎて食事をしないという戒めは生涯守りました。

百二十一人の得度の師となり、教えを受けた弟子は十六人、そのうち密教を伝授されたのは五、六人でした。八十歳になったとき、八年を限って観念の修行を始めました。自らの寿命を知り、終焉に備えたのです。臨終の時、遠くの者は音楽を聞き、近くの者は香気に触れました。仏・菩薩のお迎えを得、金剛の台に乗って、上品の極楽に往生したにちがいありません。

『拾遺往生伝』下巻第一相応伝の要約です。

相応（八三一〜九一八）は、本伝にもあるように、無動寺の開基、伝教・慈覚両大師号宣下の奏《そう》請《じょう》者《しゃ》として知られ、また回峯行《かいほうぎょう》の創始者としても有名です。本伝にもあるように、不動明王に兜率往生を願ったという伝承が根強かったため、『日本往生極楽記』や『続本朝往生伝』には取り上げられませんでしたが、阿弥陀念仏にも縁の深い人物でした。

本伝が参照したと思われる『無動寺建立大師伝』によりますと、相応は元慶《がんぎょう》七年（八八三）、円仁の遺命《ゆいみょう》にしたがい、東塔虚空蔵尾《こくうぞうび》にあった常行三昧堂を大講堂の裏手に移築したということです。また、不断念仏の壇供《だんく》を整えて念仏僧を供養したり、阿弥陀仏・六観音の像を造らせるなどの事績が伝えられています。

円仁によってもたらされた阿弥陀念仏は、「不断念仏」として比叡山に定着し、また貴族社会からも注目されるようになります。相応は、すでにご紹介した増命や延昌と共に、関白藤原忠平の私邸に出入りしています。やがて貴族社会に浸透してゆく「お迎え」の信仰を、最初に摂関家に伝えたのは、彼らだったと思われるのです。

相応は、本伝に至って初めて往生人として認証されたわけですが、彼も念仏興隆の立役者の一人だったのです。

3 永観——東大寺別当、民衆とともに称名念仏の中で

前権律師《ごんのりっし》永観《えいかん（ようかん）》は、但馬守《たじまのかみ》源国挙《くにたか》の孫、文章生《もんじょうしょう》源国経《くにつね》の子です。二歳の時、石清水八幡宮の別当《べっとう》元命の養子となりました。

八歳の時、山崎開成寺の上人から不動明王の呪を授かり、一度聞いた聖教の文は決して忘れることなく、寝言で唱えるほどでした。上人は驚いて、「この子は生来の行者である。大切にせよ」と言ったということです。

十一歳で、東山禅林寺《ぜんりんじ》の深観《じんかん》大僧都の弟子となりました。深観は花山法皇《かざんほうおう》の五男で、東大寺別当や東寺長者《とうじちょうじゃ》などを務めた高僧です。その深観が、永観の器量を評価し、特に慈愛を注ぎました。翌年、東大寺で具足戒《ぐそくかい》を受け、東大寺東南院三論宗《さんろんしゅう》に属し、また唯識《ゆいしき》・因明《いんみょう》などを学んで法相《ほっそう》教学にも通じました。幼くして智慧卓越し、倶舎の頌を一日に七十行も暗唱しました。皆が驚いて、「七十行の公」と呼んだということです。

十四歳の若さで東大寺方広会《ほうこうえ》の竪義《りゅうぎ》をつとめ、二十歳にして興福寺の法華会や維摩会《ゆいまえ》に出仕して、学僧としての頭角を現す一方、十八歳の頃から、学業の合間に、毎日一万遍の念仏を日

課とし、毎月十五日に斎戒《さいかい》を勤めました。

天喜《てんぎ》五年（一〇五七）、二十五歳の時、平等院の番論義《つがい》に出仕して、才覚を発揮しました。土御門《みかど》の右大臣源師房《もろふさ》が永観を見そめ、私邸に招いて昼夜に教えを聴聞しました。康平七年（一〇六四）には法成寺《ほうじょうじ》の竪義に参勤し、また朝廷の要請に応えて各種の法会に出仕しました。ところがその後、病を理由に公務を退いて光明山寺《こうみょうせんじ》に蟄居《ちっきょ》して数年を過ごします。四十歳を過ぎてようやく病が癒えて禅林寺に帰り、境内《けいだい》に東南院という堂を建てて止住しました。三十歳（異本では四十歳）以降は神経痛に悩まされ、気力も衰えましたが、「病は我が善き師である。病のおかげで娑婆《しゃば》を厭《いと》うべきことを知らされた」と常々言っていたそうです。

応徳《おうとく》三年（一〇八六）、五十四歳の時、興福寺維摩会の講師を命ぜられ、「念仏の妨げになる」と固辞したのですが、永観の弟子で当時東大寺別当の任にあった慶信《きょうしん》が、「東大寺のため、また弟子たちのために、隠遁《いんとん》の志を曲げて、どうかお出ましください」と請うたため、しぶしぶ出仕しました。

承徳《じょうとく》三年（一〇九九）、出家より五十五年を経た六十七歳の時、権律師に補《ほ》せられました。翌々日には辞退しましたが、前権律師のまま、翌年（康和二年）、東大寺別当に任ぜられました。再三辞退しましたが許されず、二年余の間、別当職を務めました。その間、伽藍《がらん》の修造、法会の充実、学侶《がくりょ》の育成に大きな成果を上げ、土地や封戸《ふこ》の管理においても才覚を発揮しました。旅費には自費を充てるなどして、財政の立て直しに努めました。東大寺には古くから、「建立より三百年を経て大仏が光を放つだろう」と言い伝えられてきましたが、今こそその時だと、永観の功績が讃えられました。

白河《しらかわ》法皇の帰依《きえ》を受けて法勝寺《ほっしょうじ》の供僧《くそう》に任ぜられ、また関白藤原忠実《ただざね》の計らいによって法成寺にも出仕するようになりました。

若い頃から寝食を忘れて学問に精励してきました。その成果は、『阿弥陀経要記』『往生十因』各一巻などの著述として結実しました。阿弥陀念仏の行者たちが競って書写し、永観は「念仏宗」の祖と仰がれました。生死出ずべき道を問われると、永観はいつも、「念仏なさい」と答えたそうです。

往生講の法式《ほっしき》を定めて斎日《さいにち》ごとに念仏の法会を勤めました。慈悲の心厚く、貧しい人には惜しむことなく衣食を与え、病に苦しむ人には必ず治療を施しました。

承徳元年（一〇九七）、六十五歳の時、薬王寺に丈六《じょうろく》の阿弥陀如来像を安置し、祇園精舎の無常《む》院《じょういん》に擬《なぞら》えて、温室《うんしつ》を設けるなど、様々な福祉事業を展開させました。四十余年にわたって食事の世話を続け、時には自ら荷を負い、貴族からの布施は人々の救護に充てました。境内に梅の木がありました。実を結ぶと必ず貧しい人々に振る舞われました。町の子供たちは、その梅の木を「悲田《ひでん》の梅」と呼びました。手に入れた物は、まず病人に施し、次に僧侶に供えました。

寛治《かんじ》八年（一〇九四）、六十二歳の時、七宝《しっぽう》の塔婆《とうば》を建てて斎会《さいえ》を設け、塔内に仏舎利《ぶっしゃり》二粒を安置して、「もし此度《こたび》、直ちに極楽に往生できるようならば、舎利の数が増えますように」と願い、その願文を塔内に納めました。翌年に開いてみると、舎利が四粒になっていました。涙を流して大いに歓喜し、二粒を本尊阿弥陀如来の眉間《みけん》に籠めました。昔、唐の道綽《どうしゃく》禅師が、善導比丘《ぜんどうびく》に、「一輪の蓮の花が、七日の行道の間萎《しぼ》むことがなければ、此度直ちに往生できるだろう」と語ったということです。舎利の数が増えるのと同じようなことだと言えましょう。

一生涯に修めた顕密《けんみつ》の行業《ぎょうごう》ははかり知れません。特に阿弥陀仏の名号を称《とな》える念仏に力を注ぎ、初めは毎日一万遍、後には六万遍となり、百万遍に達すること三百度に及びました。晩年は声が出なくなって、ただ観想念仏を行いました。受法より命終に至るまで、阿弥陀供養法は日に三度欠かすことなく、尊勝陀羅尼《そんしょうだらに》は三十八億九万九百二十遍唱えました。心を傾けて念呪する間に、うたた寝すると、遥か月輪の中に七重の金塔が現れ、手に拳印《けんいん》を結んで極楽を思惟すると、夢想の中に丈六の尊像が現れ、目覚めた後も眼前に居続けたということです。

天永《てんえい》元年（一一一〇）十二月、亡くなる前年のことです。腰に違和感を生じ、年が明けても回復しませんでした。以前、中山《なかやま》の吉田寺《よしだじ》で迎講を修した際に誂《あつら》えた、菩薩の装束《しょうぞく》二十揃を禅林寺に施入しました。苦労して揃えたものでした。

八月下旬には食事ができなくなりました。十月二十日、いつものように往生講を修した際、合掌した手を額に当てて随喜の涙を流しました。門弟たちが取り囲み、涙ながらに念仏を勧めあっていると、永観は、「ただ阿弥陀仏の名、観音・勢至の名を聞くだけでも、無量の罪が除かれるという。まして念仏する者は、必ず極楽に往生するだろう」という『観無量寿経』の文や、「命が尽きる時には、あらゆる病を捨て去るような喜びに満ち溢れる」という『倶舎論《くしゃろん》』の文を挙げて、「嘆くな、嘆くな」と弟子たちを励ましました。

十一月一日、無理して沐浴すると、忽《たちま》ち痛みが除かれて回復したかのようでした。そこで翌二日、往生講を修させました。「念仏往生」の段に差しかかり、来迎讃を唱え始めた時のことです。一人の法師が、「よい香りがただよってくる。わかるか」と列衆に尋ねました。けれども、ほかに気付いた者はいませんでした。はたして翌三日の未明、永観は頭北面西にして乱れることなく念仏しつつ、眠るように息を引き取りました。七十九歳でした。

『別伝』に次のように述べられています。「毎月十五日に持斎《じさい》しました。特に三年を限って、毎日持斎したことがあります。食欲を絶つためです。心浄く口浄ければ、決定往生の因となるでしょう」と。

法勝寺の講堂に勤務する勝見《しょうけん》という僧が、夢に、礼盤《らいばん》に登り釈迦如来を礼拝して去ってゆく永観の姿を見ました。ちょうど臨終の時刻でした。

十一月八日、禅林寺の定因《じょういん》の見た夢は、たくさんの僧が永観を取り囲んで梵唄《ぼんばい》を唱えているという情景でした。永観は、厳かな面貌に笑みをたたえ、透き通るような美しい法衣を着けていたそうです。

十一月二十九日には、弟子の覚叡《かくえい》の夢に現れました。列僧出座して法会が始まろうとしています。覚叡が本尊を仰ぎ見ると、それはまさしく師の顔でした。その時、師から、「我に従い聞法して、極楽に往生せよ」という偈を授かったということです。そのような奇瑞が無数に伝わっています。ここに一、二を記しておきます。

『拾遺往生伝』巻下第二十六永観伝です。永観（一〇三三〜一一一一）の没後すぐに著された本伝は、永観の行実を伝える第一級の史料です。

永観は、称名念仏の実践者として知られています。光明山寺から禅林寺に帰った永観は、種々の法会に出仕すると共に、福祉活動に尽力し、また念仏三昧の集会を主宰しました。承暦三年（一〇七九）、四十七歳の時に著された『往生講式』には、毎月十五日に勤修する「往生講」の法式が定められています。そこには、菩提心《ぼだいしん》を発し、罪障を懺悔《さんげ》し、善根を随喜して、一心に称名念仏すれば、臨終に来迎を得て極楽に往生することができると説き、さらに往生の後には、菩提を証得《しょうとく》して利他回向《りたえこう》を成就するという目標が掲げられています。

康和五年（一一〇三）、主著『往生拾因《おうじょうじゅういん》』を著しました。東大寺別当を辞職した翌年のことです。自身の念仏実践の体系を確立し、あわせて集会の仲間を極楽へと導く目的で著された書です。そこには、一心に阿弥陀仏を称念する称名念仏の一行が、往生極楽の因となる理由が、十項目にわたって列挙されています。称名念仏が如何に勝れた実践であるかということを力説しているのです。特に、称名念仏に没頭することによって、「一心」が成就するから、極楽に往生することができるという点が強調されています。一心とは三昧すなわち精神統一の境地を言います。それは臨終正念の成就を目指す院政期浄土教の基本姿勢を踏まえ、その上に称名念仏の意義を位置付けた教説であると言えましょう。

有名な説話を一つご紹介しましょう。白河法皇が法勝寺を建立して永観を供僧に招いたことは、本伝にもありました。その落慶《らっけい》法要の際、法皇は永観に、「このような立派な寺を建てた功徳は、いかほどのものか」と尋ねました。永観はしばし考えた後、「決して罪にはなりますまい」と答えたということです。『続古事談《ぞくこじだん》』に伝わる話です。名利《みょうり》を厭《いと》い、念仏一筋に生きた永観の人柄がよく表されています。

4 良源——比叡山中興の祖、閻魔大王も一目置いた傑僧

大僧正 良源《りょうげん》は俗姓を木津《きづ》氏と言い、近江国浅井郡の出身です。母は物部《もののべ》氏の人で、子宝を三宝に祈ったところ、夢の中で、海中より天を仰ぎ、日光が懐に入るのを見て懐妊しました。延喜十二年(九一二)秋九月三日午の刻に誕生し、その時、家中に不思議な相が現れたということです。

九歳になった頃のことです。村の老人で、昔越州《えっしゅう》の役人をしていた雲貞行という人が、豊饒祈願の祭をしている、その側で遊んでいました。貞行の目には、子供の頭上に蓮花の形をした天蓋《てんがい》が懸かっているのが見えました。貞行は驚いて、子供を父親のもとに送りとどけ、「この子は人並みはずれた人物だから大切になさいませ」と告げました。その後、母親が伴って梵釈《ぼんしゃく》寺《じ》に行き、覚恵阿闍梨《かくえあじゃり》に面会しました。覚恵は、「普通の子とは違う、すぐれた容貌をしている。なぜ今までこんな田舎でぼんやりと過ごさせていたのか」と言い、比叡山に上ることを勧めました。その時、十二歳でした。

比叡山では、西塔宝幢院《さいとうほうどういん》の日燈《にっとう》上人の房に入り、理仙《りせん》上人に師事して見習い修行を始めまし

た。一を聞いて十を知る、才知を備えた童子でした。

延長六年（九二八）、十七歳の時に出家し、続いて受戒の儀式が行われる予定でしたが、その直前に師理仙が亡くなります。儀式は中止となり、途方に暮れていたところ、伊勢国朝明《あさけ》郡の郡領《ぐんりょう》船木良見《ふなきよしみ》や右大臣藤原定方《さだかた》、それに薬師寺の恩訓《おんくん》律師らの計らいで、天台座主尊意《そんい》を師として受戒することができました。法名良源の良の字は、良見の一字を貰ったものです。

承平五年（実は七年、九三七）、天台宗の基増《きぞう》が興福寺維摩会の講師を勤めた際、良源は威儀《いぎ》僧《そう》として随行しました。その時、勅使《ちょくし》藤原在衡《ありひら》の宿舎で、南都《なんと》北嶺《ほくれい》から四人ずつの学僧が選ばれ、非公式の論義が行われることになりました。北嶺側の先鋒は良源です。対するのは南都随一の碩学義照《ぎしょう》でした。南都側からは、「そんな小僧とは不釣り合いだ」という声が上がりましたが、南都の長老仁斅《にんこう》が義照を呼び、「良源はまれに見る秀才で、将来は貴殿と並んで国の宝となる人物だ」と耳打ちし、義照は問答の座に着きました。それでも納得できない南都の悪僧たちは、もし良源が不様な受け答えをしたら叩きのめしてやろうと、棒を持って構えていましたが、その弁舌のみごとさにあっけにとられ、棒を捨てて懺悔したということです。良源の名声が天下に広まったのは、この時からです。

天暦四年（九五〇）、九条右大臣藤原師輔《もろすけ》の推挙により、皇太子憲平《のりひら》親王の護持僧となりました。天暦五年、四十歳の時、元慶寺別当覚恵律師が、自身の持つ阿闍梨の職位を良源に譲ってくれました。覚恵は、かつて梵釈寺にいて良源を比叡山に招いた人です。

天暦八年、藤原師輔が比叡山横川に上り、自ら草創した法華三昧堂の落慶法要に参列したときのことです。本尊前の燭台に最初の点火をする火入れ式が行われ、師輔は火打ち石を持って誓願を唱えました。

「この堂で修行する僧たちの三昧の力で、我が藤原一門がいよいよ栄えますように。この願いが叶えられるならば、石を打つこと三度目までに着火しますように」と。

二度目の打石で火が着き、師輔自身が献灯しました。願いの通り、以後藤原家は栄華を極めます。この法華三昧堂は、良源に託されました。

応和三年（九六三）、宮中清涼殿《せいりょうでん》で、村上《むらかみ》天皇臨席のもと『法華経』供養の法会が催されました。その導師には、南都北嶺の精鋭各十人が選ばれました。良源は第二日目に導師を勤め、南都興福寺の法蔵《ほうぞう》と対論しました。法蔵は良源の弁舌に感服し、言葉を失ったということです。

康保元年（九六四）、天皇の息災を祈る修法に出仕し、結願《けちがん》の日に内供奉十禅師に補されました。右大将藤原師尹《もろただ》が勅命を伝える役を務めました。

康保二年、権律師に補任され、翌三年五十五歳にして延暦寺座主となりました。山を治めること二十年の間に修造した堂塔は、山上伽藍の大半を占め、伝教大師の再来、天台宗中興の祖として知らない者はありません。

山上には、かつて慈覚大師円仁が建立した文殊楼《もんじゅろう》がありました。その本尊文殊菩薩が騎乗する師子《しし》が踏む土には、中国五台山《ごだいさん》の文殊菩薩が乗る師子足下《そくげ》の土が用いられていたということです。ところが火災のために失われ、土の所在もわからなくなっていました。良源は東塔虚空《こくう》蔵嶺《ぞうみね》に文殊楼を再建しました。師子も新たに造られましたが、足下には土が置かれませんでした。ある日、良源が筺《はこ》の中から、布に包まれた土を取り出してきました。その筺には、「五台山の師子足下の土。慈覚大師入唐の際に入手された」と記されていましたので、その土が師子の足下に置かれました。

安和《あんな》元年（九六八）に権少僧都に補せられ、天禄《てんろく》二年（九七一）五月十一日には権法務《ごんのほうむ》を命ぜられました。天延元年（九七三）十一月には初めて受戒の師を勤め、十二月に少僧都、同三年に大僧都となり、貞元二年（九七七）十二月二十一日には僧正、天元四年（九八一）四月八日には大僧正に任ぜられました。良源が最後に手がけたのは、横川楞厳院内に建立された堂舎で、恵心院《えしんいん》と名づけられ、御願寺となりました。

永観三年（寛和元年、九八五）正月三日卯の刻、良源は合掌して西方に向かい、誓いの言葉を述べました。

「修めた善根のすべてを悟りの因とし、またその功徳をすべての衆生に施して、命終えた後には、皆共に必ず極楽に往生できますように」と。

口に阿弥陀の名号《みょうごう》を称《とな》え、心に実相《じっそう》を観じつつ、入滅しました。七十三歳でした。

その時、近習の小僧が、「庭の橘の木の上に紫雲がたなびいて、天に昇ってゆくのが見えます」と言いました。

またこんなことを言う人がありました。

「正月三日に北山の鞍馬寺《くらまでら》にお参りしましたが、卯《う》の刻頃、比叡山の頂に紫色の空気のかたまりのようなものが見えました。下から上に広がる扇形で、煙のようで煙でない、雲のようで雲でもない、見ているうちにだんだん消えて、天に昇っていきました。鞍馬寺の老僧によると、伝教大師入滅の時も同じような奇瑞があったそうです」と。

比叡山の聖人が浄土に往生されたことを示す奇瑞だったのでしょう。

後に一条天皇より「慈恵」という諡《おくりな》を賜りました。

かつて九条右大臣師輔の側近には三人の僧がいました。義照、法蔵、そして良源です。この三人は日・月・星の三光天子の化現だという夢の告げを得た人もあったそうです。三人とも正月三日に亡くなっています。申し合わせて娑婆に来られたのでしょう。

良源の弟子明普《みょうふ》阿闍梨は、天元三年（九八〇）に病気で亡くなりましたが、後に蘇生してこんなことを言ったそうです。

「閻魔《えんま》さまに、〈どんな修行をすれば極楽に生まれることができるのですか〉と問うと、〈お前の師匠は権化《ごんけ》の聖者だから、しっかりとお仕えすれば、必ず往生できるだろう〉と教えられた」と。

源信僧都は、門弟の筆頭でした。昔、師の休憩中に源信が同席したことがありました。「師は自ら初随喜《しょずいき》の位に到ったと仰せでありました。誰もがそれを信じています。私はそうではなくて、五品《ごほん》弟子位に到達されていると思うのですが」。

そう質問すると、師は次のように答えました。「五品弟子位は祖師天台大師が到られた境地である。私が同じはずがない」と。重ねて、「四品《しほん》ではいかがですか」と問うと、師は、「いや初随喜だ」と答えられたそうです。その徳行はとても書き尽くせるものではありませんが、没後四十数年を経た長元四年（一〇三一）九月十二日、民部卿《みんぶきょう》藤原斉信《ただのぶ》が『慈慧大僧正伝』を著しました。

慈恵僧正は、比叡山の仏法と伽藍を守護するため、極楽へは往かずに山に留まっていると言う人もありますが、護法の威力を山に留めつつ、極楽に往生されたと私は考えています。

三善為康は『拾遺往生伝』を書き終えた後、さらに史料を集めて『後拾遺往生伝』三巻を著し、七十五人の往生人の行実を紹介します。本伝はその『後拾遺往生伝』巻中第一良源伝です。

良源（九一二〜九八五）は第十八代天台座主、奈良時代の行基《ぎょうき》に次いで二人めの大僧正に任ぜられた傑物《けつぶつ》です。門下の四哲、尋禅・覚運・源信・覚超は、いずれも大江《おおえ》匡房《まさふさ》の『続本朝往生伝』に紹介されましたが、師匠の良源は、ここに初登場です。

本伝は主として、長元四年に著された藤原斉信の『慈慧大僧正伝』によっています。臨終の誓願や往生の奇瑞に関する記述もこれを踏襲しています。『慈慧大僧正伝』は、良源が亡くなって四十数年も後の成立ですが、良源伝としては最も古いものです。それ以前にどのように考えられていたかはわかりませんが、少なくとも匡房は、良源を往生人とは見ていなかったのでしょう。本伝の末尾には、良源は極楽へは往かず、護法のために比叡山に留まったとする説のあったことを述べています。確かに後世、良源は護法神《ごほうしん》として信仰されるようになり、往生人としてのイメージは希薄です。

しかし良源には『九品往生義《くぼんおうじょうぎ》』という著述があります。天台宗の浄土教教理を提示した日本で最初の著述です。円仁が伝えた山の念仏は、良源の時代に至って天台教学の中に位置づけられたのです。

『九品往生義』は、『観無量寿経』九品往生段の註釈書です。『観無量寿経』の全体ではなく、九品往生段だけが抽出されたのは、藤原摂関家の要請によって著された「お迎え」の信仰の指導書だったからだと思います。「お迎え」の信仰は、師輔の父忠平《ただひら》にその萌芽が見え、やがて師輔・兼家・道長・頼通《よりみち》へと代々伝えられてゆきます。その信仰の典拠が、『観無量寿経』九品往生段だったのです。

古来『九品往生義』は、師輔に献呈された書であると言われてきました。しかし私の見たところ、この書には、師匠が弟子に指事するような命令形の文体が随所にありまして、とても師輔に献呈されたものとは思えません。そこで、つぎのような推測をしてみました。

良源が、師輔から『観無量寿経』九品往生段の講義を要請されたということは、十分に考えられます。その際、良源自身が講義するよりも、師輔の子である弟子の尋禅《じんぜん》を講師に任命して、彼に講義させたほうが、師輔の喜びは大きかろう……、それに尋禅が立派な講義をすれば、師輔も鼻が高かろう……、ひいては自分の株も上がるだろう……、などと考えて、良源自ら講義ノートを作製し、それを尋禅にひそかに手渡した、そのノートが『九品往生義』であるというような推測です。

『九品往生義』の名は同時代の文献には登場しません。筆頭弟子の源信が、師の没後三箇月に完成させた『往生要集』の中にも言及されていません。初めてこの書を引用するのは、延久三年（一〇七一）に成立する、源隆国《たかくに》の『安養集』なのです。摂関家ゆかりの宇治平等院で編纂された書です。『九品往生義』は、源信にさえその存在を知らされなかった、摂関家秘伝の書であったと思うのです。

5 良忍――天台声明の祖、融通念仏のおかげで

良忍《りょうにん》上人は、比叡山横川首楞厳院の僧です。大原《おおはら》に移り住んだ後は、ひたすら極楽への往生を願って過ごしました。とは言うものの、灯明《とうみょう》もつけない暗い御堂で、阿弥陀仏の尊前に座っているだけでした。心に極楽世界と阿弥陀仏の荘厳を念じていたのでしょう。ほかにどんな修行をしていたのか、誰も知りませんでした。弟子の堯賢《ぎょうけん》に、ひそかに告げたそうです。

「長年阿弥陀仏の眉間の白毫《びゃくごう》を観ずる修行をしてきたが、ようやく罪業が消え、心も定まってきたので、近頃は声を出すこともなくなった」と。

そうするうちに少し体調を崩し、次第に床《とこ》に臥せることが多くなってゆきました。臨終の七日前、病気が癒えたかのように気分が良くなったので、沐浴《もくよく》して身を浄め、仏の手から垂らした五色の糸を握りつつ、不断の念仏を始めました。最期に及んで自ら弥陀の定印《じょういん》を結び、そのまま三日の間身じろぎもせず、静かに息絶えました。天承《てんしょう》二年（一一三二）二月一日の夜半のことです。

亡くなった後三日間は、まるで生きているように、身体も暖かく、顔には笑みをうかべてい

ました。入棺の時、抱き上げると、身は紙のように軽く、襟の間からは、えも言われぬ芳香がただよったということです。

相意《そうい》という修行僧が、夢に二筋の紫雲が東の空にわき立つのを見ました。雲を撃つ太鼓の音が響きましたが、管弦《かんげん》の音は聞こえませんでした。

住房の庭には池がありました。その池の東の岸に着けられた龍頭の舟の中に安置された観音菩薩が、金色の光を放っておだやかに微笑んでいました。

隣の房に住む常陸律師《ひたちのりっし》の夢に、良忍が現れて告げました。

「思いもよらぬことだったが、上品上生の極楽に往生することができた。融通念仏《ゆうずうねんぶつ》のおかげにちがいない」と。

年来の法友厳賢《ごんけん》は、小湯屋聖と呼ばれた人ですが、やはり夢で良忍の往生を知りました。そのほか三十人余の人が、夢告を受けたということです。


『後拾遺往生伝』巻中第十九良忍伝です。良忍（一〇七三〜一一三二）は、融通念仏の祖、天台声明《しょうみょう》の大成者として知られる人物です。

ところで、『後拾遺往生伝』巻下には、「沙門良仁」の伝がありますが、それはまさしく良忍の伝です。良忍は青年時代、良仁と名のっていたようです。巻中の良忍伝は、巻下に良仁の伝があることに気づかなかった誰かが、後に付け加えたもので、良忍滅後四、五十年頃の記述と言われています。

巻下第三良仁伝は、極めて簡略ですが、三善為康自身の記述であり、良忍の滅後数年以内に書かれていますので、良忍伝の第一級史料と言えるものです。全文を現代語訳しておきます。

沙門良仁は比叡山の住侶《じゅうりょ》です。若い頃に堂衆《どうしゅ》となって、長らく法務に当たっていました。年老いた後は、大原山に隠居して世間との交渉を絶ち、ひたすら極楽への往生を願って暮らしました。毎日『法華経』一部を読誦し、念仏六万遍を称《とな》え、朝・昼・晩の勤行は怠ることなく、さらには如法経《にょほうきょう》六部を書写して自らの成仏と衆生《しゅじょう》の救済とを願い、あるいは手足の指を切り燃やして経典を供養する修行を九年間にわたって勤めました。眠らぬよう、本尊の周囲を歩き続けました。そうして臨終の時には、正念に安住することができました。音楽が雲を撃つように鳴り響く様子を、たくさんの人が見聞きしました。

ここには、融通念仏に関する記述はありません。融通念仏によって上品往生を遂げたという記事の初出は、沙弥《しゃみ》蓮禅《れんぜん》の『三外往生記』良忍伝です。『三外往生記』は、良忍の滅後十数年以内の成立ですから、信憑性の高い史料です。融通念仏の祖師としての良忍像の確立は、鎌倉時代のことでしょうが、その萌芽は、かなり早い時期に見出されるのです。ただし、融通念仏とはどのような念仏なのか、『三外往生記』や『後拾遺往生伝』巻中の良忍伝には、具体的なことは何も述べられていません。

鎌倉中期、建長《けんちょう》六年（一二五四）に著された『古今著聞集』には、良忍が夢に阿弥陀仏の示《じ》現《げん》を得て、「円融念仏」という速疾往生《そくしつおうじょう》の法を授かったという記述があります。一人の念仏では順次の往生はかなわない。それゆえ一人の行《ぎょう》をもって衆人の行となすような円融の念仏を修せよと告げられたということです。

十四世紀初頭に成立した『融通念仏縁起《えんぎ》』には、

> 融通念仏は、一人の行をもって衆人の行とし、衆人の行をもって一人の行とするがゆえに、功徳《くどく》も広大なり、往生も順次なるべし。一人往生をとげば、衆人も往生をとげんことうたがいあるべからずと云々。阿弥陀如来の示現かくのごとし。

と、融通念仏の教義がより明確に示されてれています。

鎌倉末には、法明良尊《ほうみょうりょうそん》があらわれて、摂津・河内《かわち》を中心に『融通念仏縁起』を説き広めます。それによって、融通念仏衆団が形成され、次第に発展してゆきます。そして江戸時代、元禄《げんろく》元年（一六八八）に、幕府より宗門興隆の裁許《さいきょ》を得た大通融観《だいつうゆうかん》は、『融通円門章《えんもんしょう》』『融通念仏信《しん》解章《げしょう》』を著して融通念仏宗の教義を確立しました。『融通円門章』には、融通念仏の宗義を、

一人一切人《いちにんいっさいにん》、一切人一人《いっさいにんいちにん》、一行一切行《いちぎょういっさいぎょう》、一切行一行《いっさいぎょういちぎょう》、是名他力往生《ぜみょうたりきおうじょう》、十界一念《じっかいいちねん》、融《ゆう》

通念仏《ずうねんぶつ》、億百万遍《おくひゃくまんぺん》、功徳円満《くどくえんまん》。

と示しています。一人の称える念仏の功徳が万人に及び、万人の念仏の功徳が一人の上に集約される。その念仏一行の中には、諸善万行の徳が備わっている。だからこそ、念仏によって往生を遂げることができると言うのです。

付録

楞厳院二十五三昧過去帳

楞厳院《りょうごんいん》二十五三昧結衆《けっしゅ》過去帳　長和二年(一〇一三)七月十八日始めて記す

二十五三昧会《さんまいえ》結縁《けちえん》の念仏は、去る寛和二年(九八六)より修し始めて、今年で二十八年になります。結縁の初め、皆で、「もし極楽に往生することができたならば、自らの願力によって、あるいは仏の力を借りて、夢でも現《うつつ》でもよいから、とにかく仲間に知らせよう」と誓い合いました。以来二十八年間、祥連大徳《しょうれんだいとく》から良陳阿闍梨《りょうちんあじゃり》まで、四十二人を見送りました。その中には、臨終の時に心を傾けて知らせてくれたり、あるいは死後夢に現れるなどして、結縁時の誓願を果たしてくれたように思われる人もいます。最初の祥連や最後の良陳阿闍梨等の人々です。

それらの人については、その伝を記録して将来に伝える必要がありましょう。けれども夢には偽りや不確かなことが多く、誓願の通りだと思えるようなことでも、確信が持てず、どうしようか迷って行き詰まり、書き残すことを躊躇《ちゅうちょ》していました。

今般は皆で話し合い、「我らは智慧浅く、修行も未熟ながら、往生浄土を願っている。深く難しい教えを聞くと心くじけてしまうけれども、身近な易しい教えを聞くと喜びが沸き上がってくる。だから皆の過去帳を作って、見聞きしたことを書き記し、この愚かな心を鼓舞しようではないか」ということになりました。そんな我らの意を汲んで、嘲笑《あざわら》うことなくご覧いただければ幸いです。

祥連《しょうれん》大徳　寛和三年（九八七）正月十二日、生年六十五

智慧学解はやや浅く、口下手だったので、まわりの者には、彼が道心の深い人であることがわかりませんでした。しかし彼は、ひそかに往生の願いを発《おこ》し、長らく往生極楽の修行をしていました。毎日朝・昼・晩に六根清浄《ろっこんしょうじょう》の懺法《せんぼう》を修め、『法華経』や『般若経』を読み、毎月十五日には断食《だんじき》して一昼夜にわたり一心に念仏しました。臨終が近づくと、三年間は他人との交際を絶ち、一心に念仏しながら、印仏《いんぶつ》の修行をしました。仏像を刻んだ印を作り、十万億仏土の一々を思って、一国毎に一仏を捺印《なついん》し、「我が捺印の仏よ、十万億の国々にましまして我を護り、滞ることなく必ず極楽に往生させてくださいますよう」と祈願したのです。

そうするうちに、この二十五三昧会結縁の話が持ち上がり、結衆《けっしゅ》の選考をすることになりました。当初祥連は選ばれなかったのですが、早速やって来て、「私は善人ではありませんが、いささか心に思うところがあり、結衆に加えていただきたく存じます。どうか御慈悲をおかけください」と申し出ましたので、加入することができました。大いに喜び、「私は愚鈍の身ながら、長らく念仏を修してまいりました。ただ臨終の時、善知識に遇えるかどうか心配しておりました。しかし今幸いにも結縁に加えていただくことができました。心より喜んでおります。我が宿善の催しかと思っております」と言っていました。

入会以来、いよいよ道心《どうしん》を発起《ほっき》し、法会《ほうえ》の役職に当たる際も常に勤勉でした。ただ『阿弥陀経』

を誦したことがなかったので、入会してから唱え始め、暗唱できるまでになりました。

やがて病気になり、結衆が当番で付き添い、昼夜念仏しました。結縁して最初の臨終勤行でしたので、皆丁寧に勤めました。祥連は喜び、「長年浄土を願い、今善知識に遇うことができました。往生は疑いなく、必ず本懐《ほんかい》を遂げられるでしょう。この病は必ず死に至るものです。もはや存命を求めることはありません」と申しました。その後は、少し苦しみましたが、正念《しょうねん》を維持して命終しました。

命終の後、覚超《かくちょう》阿闍梨が夢を見ました。ある人が、「祥連は智慧や賢善の程度から見て、おそらく下品《げぼん》の往生を遂げたでしょう」と告げる夢でした。明確な夢ではなかったので、皆には報告しませんでした。

そうするうちに故対馬守《つしまのかみ》少槻顕親当時は算得業生《さんとくごうしょう》でしたが、故戒縁《かいえん》大徳の房に宿泊したところ、その夜にこんな夢を見ました。ある人が、「この院では結縁の念仏が行われていましたが、その結衆の一人、祥連という僧が、すでに極楽に往生しています。そのことは覚超に告げましたが、ご存知ありませんか」と言います。「知りません。そもそも覚超とはどちらのお方ですか」と言うと、その人は指さしてくれました。そこで夢覚めた後、我らの所へ報告に来たのです。皆に意見を求めたところ、「後世《ごせ》のことは虚実を知りがたく、それを顕わしてくれるのは、わずかに夢ぐらいのものです。夢によって後世のことを知るのです。疑うべきではありません」ということになりました。

この出来事があってから、二十五三昧結縁の念仏はいよいよ隆盛となり、比叡山上より天下に伝わり、広く修せられるようになりました。夢はほかにもあります。後ほど紹介します。

貞久《じょうく》大徳　永延元年（九八七）正月九日命終、生年二十五

学問修行は勤勉で、道心堅固《どうしんけんご》の人でした。ある時、衆人の中で突如弾指《だんし》し、大声で念仏しました。多くの者が不思議に思い、嘲笑する者もいました。病気になって数箇月間は、念仏を怠っているようでした。仲間が念仏を勧めて、「念仏修行には、今が最も大切な時なのに、なぜ怠けているのですか」と言うと、「病苦が身に迫ってきます。平生《へいぜい》に誓願を立てた時とは状況が違っているのです」と答えました。それでも臨終の時には、大声で勇猛《ゆうみょう》に念仏しました。看病人が、「ここ数箇月は称えることもできないほどでしたのに、どうしてこんなに大声をあげることができたのですか」と問うと、次のように答えました。

「平生の念仏は、身体が楽だから勧められるのです。病気になると念仏できないのは、身体が苦しいからです。また病中に念仏を怠るのは、身の苦しみがまだ軽いからです。臨終に勇猛に念仏するのは、身の苦しみがいよいよ重くなるからです。生命が尽きようとする時は、大苦が迫ってきます。仏のほかに頼れるものは何もありません。だから大声で念仏し、泣きながら救いを請うているのです」と。そう言い終わると、さらに大きな声をあげました。看病人もみな声を合わせて念仏しました。

するとを今度は、「皆立ち上がって地面を踏んでください」と言います。皆は何のことかわからな

いので、「なぜそんなことを言うのですか」と問うと、「とにかく踏んでください」と言います。すると師匠の仁澍《にんじゅ》大徳が、貞久の言う通り、立ち上がって地面を踏み、「踏んだよ。どうだい」と言うと、貞久は、「私が臥せっている地面には、猛火が充満して、我が身を焼いています。皆さん方の所もそうですか」と言いました。皆はようやく事の次第を理解し、「そんなことはないよ」と言うと、貞久は、「それならば私はもう死んで、地獄に堕ちたということなのですね」と言います。皆涙を流し、共に声を合わせて念仏すること数十遍を終えた時、貞久の声が一旦途絶え、しばらくして、「誰かが私を火の穴に追い込んだのですが、念仏のおかげで火が消えました。これで最期です。詳しくお話する時間はありません。ただ念仏してください。ほかには何も言えません」と言いました。皆は悲喜こもごもで、涙を流して念仏し、貞久は息絶えました。

豪源大徳　永延元年九月十日命終、生年二十五

感晨大徳　永延二年月日命終、生年二十六

以上は特筆すべきことがありません。以下もそのような場合はこれと同様、名前と命日、生年のみを記載します。

妙空《みょうくう》大徳　永祚元年(九八九)十一月十一日命終、生年四十八

智慧学解は浅いけれども、世俗への執着が軽い人でした。身を削って熱心に修行したとは言えませんが、心には浄土を願い、毎日一万遍の念仏をし、さらに阿弥陀供養法を修していました。臨終近くになって、二十五三昧会への参加を望んだところ、梵照《ぼんしょう》阿闍梨が自分の席を譲ってくれました。

ある時、源信僧都に質問しました。「私は往生極楽を願っていますが、そのための修行ができていません。どうすれば往生を遂げることができるでしょうか」と。すると源信僧都は、「丈六《じょうろく》の仏像を造って浄土に生まれた人があります。お勤めなさい」と示してくれました慈鏡《じきょう》阿闍梨が丈六の仏像を造って兜率《とそつ》に生まれた話を例示したのです。妙空はすぐに丈六の阿弥陀仏像を造ることを発願し、二十五三昧結縁念仏の本尊としようと考えました。その計画が成就する前に妙空は早世しましたが、現在の華台院《けだいいん》の本尊がそれです。

妙空は生前、こんな夢を見ました。大衆《だいしゅ》の中に居た一人の人物が立ち上がって、この中から念仏者を選んで西方《さいほう》に導こうと言います。そして妙空を指して、「この念仏の大徳を早くお連れせよ」と言いました。妙空は大歓喜し、西方に往生することができました。夢覚めた後、歓喜の中で、「たとえ散乱の心で勤める念仏であっても、その功徳《くどく》に嘘偽りはありません」と語ったということです。

妙空が臨終の床についた時、尼僧妙縁《みょうえん》がこんな夢を見ました。西方から音楽を奏でつつお迎えがやって来ました。妙空を迎えに来たと言うのです。尼は、「極楽は少善根《しょうぜんこん》の人が往生できる処で

はありません。妙空は当寺の別当《べっとう》です。そんな役職にかまけている人が、どうして往生できるのですか」と問いました。すると、「役職にあっても罪がないからです」と答えました。尼はその言葉を信じ、「それならば、私もお迎えにあずかることができますか」と問いました。「三日後に迎えに来ます」ということでした。夢から覚めて、妙縁は、「こんな夢を見たけれど、本当か嘘かはわかりません。もし私が三年後に死んだら、この夢を信じることができましょう」と告げました。その言葉通り、妙縁は三年後に亡くなりました。彼女も道心堅固の念仏者だったのです。

妙空大徳の中陰《ちゅういん》の間のことです。ある人が夢を見ました。妙空が病のため、輿《こし》に乗って西方に向かっていました。木工《もく》の允《じょう》、従五位下竹田吉見が、白衣を着て随従しています。法界房《ほうかいぼう》の前で輿を降り、東縁《ひがしべり》の下に至ったところ、房の中から七、八人の若い僧が出てきて、妙空の手を取り、高欄《こうらん》の上から房内に引き入れました。夢の中で考えました。「結縁の聖衆《しょうじゅ》がお迎えに来られたということなのか。それで諸僧が迎えてくださったのだろうか。丈六の仏像はまだ完成していない。だから木工が白衣《びゃくえ》を着て従っているのだろうか」とその時は、法界房で二十五三昧の念仏を修していたので、このような夢を見たのでしょうか。

また円融院《えんにゅういん》の別当、朝寿《ちょうじゅ》律師が、入道一品宮《にゅうどういっぽんのみや》に申し上げました。ある日、こんな夢を見たというのです。法皇のお召しがあり、物忌《ものいみ》のために辞退したのですが許されず、参上しました。すると法皇は、「諸の仏典の中、『法華経』こそが第一であるから、いよいよ帰依なさいませと、一品宮に伝えてほしい。また妙空の門弟たちが妙空の引導にあずかることになるだろう。とても貴いことである」と仰せになりました。夢の中でこのような仰せを賜ったのです。夢はほかにもあります。後ほど紹介します。

仁尋《にんじん》大徳　正暦元年（九九〇）十一月二日命終、生年六十三

数十年にわたって往生極楽の修行を続けた勇猛精進《しょうじん》の人です。毎日の勤めとして『法華経』の長講《じょうごう》を成し遂げ、夕刻には阿弥陀悔過《けか》、夜更《よふけ》には法華懺法《せんぼう》を修し、また毎日三度の念仏修行を欠かすことなく、ほかにも随時様々な修行を勤めました。

ある日、弟子たちと共に念仏を修していた時のことです。仁尋が、「えも言われぬ音楽が聞こえてきた。おまえたちにも聞こえるか」と訊《たず》ねました。弟子たちは皆、「何も聞こえません」と。その後もそんなことがたびたびありました。

病を得た後、やや苦しみながらも、正念を維持して七日目のことです。「木仏《もくぶつ》が来てくださった」と言い、また、「二人の童子がやって来て、私に向かい跪《ひざまづ》いて礼拝《らいはい》している」と告げました。八日目には丁寧に念仏し、最後に、「願以此功徳《がんにしくどく》」の五文字を唱えたところで声が途絶えました。

住好大徳　正暦二年月日、生年

康諫大徳　正暦三年正月十五日、生年

禅満大徳　正暦三年六月二十一日、生年七十二

明会大徳　正暦三年六月二十三日、生年五十六

相助《そうじょ》大徳　正暦四年月日、生年

多武峯《とうのみね》の増賀《ぞうが》上人の弟子です。学問修行させるため、比叡山に送られました。身《しん》・口《く》・意《い》の三業《さんごう》に重罪はなく、一心に浄土を願っていました。「相助は立派な人物ではありませんし、学問も大したことはありません。だから目先の名利を追い求めず、後世《ごせ》のために良縁を結ぶべきだと思って、ひたすらこの二十五三昧結縁の勤めに励んでいるのです」と語っていたそうです。

毎日、観音の真言を誦《じゅ》し、阿弥陀仏を念じて、臨終に至るまで道心堅固でした。一心に念仏し、また有り難い説法をしました。最後に『法華経』を講じ、講義を終えると、臨終十念を成就するために起居礼拝《ききょらいはい》を十遍繰り返しました。病が重く、人に支えられてやっと立ち上がれるような有様でした。身は弱っていても心の強い人だと、周りの者は感動しました。それから間もなくして命終しました。

数日後のことです。ある人が夢を見ました。「極楽に往生してゆく路はたくさんあります。一つには二十五三昧結縁の路です。そのほかにも路はありますが、二十五三昧結縁の路にはたくさんの往生人がいます。最近も一人往生を遂げました。そのほかの路には往生人はほとんどいません」と

いう声が聞こえて見上げると、巌上に二つの路がありました。一つは西方に、もう一つは東方にあります。西方の路には五、六人がいました。こちらが二十五三昧結縁の路です。東方の路には足跡が一つだけありました。これはほかの路です、というような夢でした。

この夢には、相助の往生のことは出てきませんが、彼が亡くなった直後の夢でしたので、ここに記載しました。

元凱大徳　正暦四年十一月七日、生年七十五

仁静大徳　正暦五年正月二十四日、生年五十五

清栄大徳　正暦五年三月日、生年

妙源大徳　正暦五年十二月二日、生年二十七

救親大徳　正暦五年月日、生年

政叡大徳

静安律師　長徳三年(九九七)七月二日、生年七十三

神勢大徳　長徳四年月日、生年

寂空大徳

厳運大徳　長保三年(一〇〇一)正月十九日、生年四十六

観禅大徳　長保三年四月十四日、生年

戒縁大徳　長保三年四月二十六日、生年七十三
念中大徳　長保三年六月一日、生年四十三
良快大徳　長保三年六月十八日、生年二十一
源純大徳　長保三年六月十八日、生年
念斅大徳　長保三年六月二十七日、生年二十五
忠海大徳　長保三年七月十一日、生年二十八
厳誓大徳　長保三年七月十八日、生年
厳秀大徳　長保三年月日、生年
亙熙大徳　長保三年月日、生年
明豪大僧正　長保四年八月二十三日、生年四十七
信厚大徳　寛弘三年（一〇〇六）三月七日、生年四十六
明普阿闍梨《みょうふあじゃり》　寛弘三年四月七日、生年七十

数十年にわたって往生極楽の修行をしました。念仏や読経《どきょう》の修行には、長年の積み重ねがありました。また千日余りの間、護摩法《ごまほう》を修しました。それらの成果はすべて往生極楽のために回向《えこう》しました。

故昌生《しょうしょう》阿闍梨が同宿していましたが、明普について次のように語っていました。「道心堅固にして勇猛精進の人です。後生《ごしょう》の往生は間違いないでしょう。一つ不思議なことがありました。深夜に一人で起き出し、黙って坐っています。不思議に思って聞き耳を立ててみると、涙を流している様子でした。それが数時間も続きました」と。

明普は、命終の時を知りたいと、長年祈願していました。六十九歳だという夢の告げがありました。その歳に達した時、病気になりました。必ず死に至ると思いましたが、その年には死にませんでした。年が明けて大いに歎きましたが、春になって、「去年は死ななかったけれども、病気にはなりました。お告げの通りです。この病によって命終すれば往生できます。夢は嘘ではありません。懇《ねんご》ろに祈願して得た示現なのだから、間違いはありません。往生の願いが叶えられることは疑いのないことです」と言っていました。そうして臨終を待ち、ほどなく命終しました。臨終正念に達し、最後まで念仏が途絶えることはありませんでした。

葬送の煙は、真っ直ぐに西方に向かい、白布《はくふ》を水にさらしたようでした。近隣の人が、それを見て不思議に思いましたが、後に明普葬送の煙だと聞いて納得しました。

ある人が夢を見ました。明普阿闍梨が、美しい衣に袈裟を着け、手に香炉を持って、厳かな姿でやって来ました。身からは芳香を放っていました。驚いて、「どちらから来られたのですか」と尋ねると、「西方から来ました」と言います。その時には、西方というのは近くの房舎の名だと思いましたので、「お近くですか」と問うと、「近くですけれども、私どもにはなかなか到り難いところです」と答えたということです。

それから数年が経ったころ、ある人が夢を見ました。明普内供《ないぐ》が往生を遂げていたという夢でした。

明善《みょうぜん》阿闍梨　寛弘三年五月二十七日、生年五十六

実直で、慈悲深い人でしたが、身内に対してはよく怒ることがありました。往生極楽の願いを発し、隠居して念仏しました。晩年は長らく病に悩まされ、耐え難い苦しみのために修行を怠ることも多々ありました。

命終の後、二、三の人が夢を見ました。ある人の夢に明善が現れて、苦を受けているが、そんなに長引くことはないと告げました。厳功《ごんく》大徳は、夢の中で明善から、怒りの心のために苦を受けているが、三箇月後には極楽に往生できると告げられました。またある人の夢では、次の次に生まれ変わった時に極楽に往生できると告げられました。後ほど詳しくご紹介します。三つの夢は別々ですが、おおよそ似たことを示しています。順次生《じゅんじしょう》の往生はできないけれども、後には本意を遂げられるということです。

やはり我らのごとき、往生を願いながらも修行の未熟な者は、順次生の往生を遂げることは困難でしょう。百遍、千遍生まれ変わっても、なお限りある生死の世界にしがみついているような者は、二、三生のうちに往生できれば御の字だと思います。この夢がもし本当ならば、心底喜ぶべきことです。

道朝大徳　寛弘三年九月五日、生年七十

円孝大徳　寛弘四年五月十日、生年四十九

花《か》山《ざん》法《ほう》皇《おう》　寛弘五年二月八日崩御、生年四十一

国王の位を捨てて沙門《しゃもん》となり、かたじけなくも尊い法体《ほったい》を、しばし我らと結縁《けちえん》くださいました。当時、我らは思い思いの場所に卒《そ》塔《と》婆《ば》を立てて、自らの墳墓の地を定めたのですが、法皇は、「現世では、たまたま主上《しゅじょう》と臣下とに隔てられたが、悟りの世界では、何の差別もない。朕《ちん》も皆と同じように葬られたい」と仰せになりました。そこで二十五基の中央に法皇御願の卒塔婆を立てました。此度遺詔《ゆいしょう》によって、そこにご遺骨を安置いたしました。聖なる遺骨と我ら凡夫の遺骨とを、共に東山の墓地に葬り、聖霊と凡霊とが、同じく極楽浄土に往生することを約束したのです。御願の思し召しを深く喜びたいと思います。そもそも法皇は御所にお帰りになって遷化《せんげ》されましたので、ご臨終の様子はわかりません。和《わ》光《こう》同《どう》塵《じん》のお働きは様々であり、善も悪もお示しになりましたが、そのおもむきは、我ら凡夫にはわかりません。偉大なる権者《ごんしゃ》のお働きについては、軽々しく申し上げることはできません。

厳久大僧都　寛弘五年五月十日、生年五十五

良運《りょううん》阿闍梨　寛弘八年正月二十三日、生年七十二

毎日の勤行は長年怠ることがありませんでした。精進の人です。自分の誕生日が縁日に当たるので、何日間かは不動供養法を修しました。臨終が近づくと、様々な修行をしました。また寺から支給された日用品などはすべて返還しました。病気になった時、ある人が、良運は極楽に往生することができると告げられる夢を見ました。亡くなった後、ある人が、良運は兜率天《とそつてん》に生まれることができたと告げられる夢を見ました。

念昭《ねんしょう》阿闍梨　寛弘八年四月十三日、生年五十五

俗姓は小野、名を為国《ためくに》と言い、故道風《とうふう》朝臣の孫です。明経道《みょうぎょうどう》の俊才でした。俗人の頃から道心堅固で、ひたすら阿弥陀仏を念じ、往生極楽の修行をしていました。

ある夜の夢に、一匹の鮒《ふな》がやってきて悲しげに、「世間の人は皆私を見て、うまそうなさかなだ、酢漬けにして食おうと言います。そんな言葉を聞いて、まず心に苦を受け、次にまな板の上で、身に極苦を受けます。心の苦は身の苦よりも激しいです」と言いました。為国は夢の中で慈悲心を起こし、鮒に向かって、「今より以後、私はお前を決して食わない」と誓いました。鮒は大喜びしました。夢覚めた後、ずっとその誓いを守りました。

また夢の中で女と同衾しました。端正な人で、美しい服を着ていましたので、深い愛情を感じていました。その後しばらくして裸体を見、その美しさにいよいよ愛情をつのらせました。その後しばらくして、身体中に不浄が現れている醜い姿を見て嫌気が起こり、思わず涙を流しました。夢覚めた後も目には涙が残っていました。そこで寂照《じゃくしょう》上人を師として出家しました。

出家の後、道心はいよいよ深く、持戒清浄に努めました。大小便の後には必ず沐浴して身を清めました。実直で穏やかな人柄でした。修行には勇猛精進の人で、一心に念仏して一晩中床に臥せることなく、黙々と涙を流して、身・口・意の三業に罪過を造ることはありませんでした。

最後の七年は、身体清潔にして、着物に虫がわくことなく、人並みはずれて麗しく、宝玉を隠し持っているようでした。伝え聞くところでは、生き仏のようだったということです。

当院にやって来て、二十五三昧結縁のことを知り、結衆に入れてほしいと願いました。その願いが受け容れられて入会すると、すぐに結縁迎講《むかえこう》の法式《ほっしき》を著し、また聖衆来迎《しょうじゅらいごう》の絵図を画きました。常にそれを携帯して時々人に見せました。見た人は皆涙を流しました。

臨終が近づいて、「この講会に深く随喜をおぼえたので、今から修したいと思います」と言って勤修し、その日に病気になりました。治療のために下山して洛中に入り、典薬頭《てんやくのかみ》和気《わけ》朝臣《あそん》正世《まさよ》の家に寄宿し、そこで命終しました。深いご縁があったのでしょう。臨終には正念に達し、最期まで念仏し続けたということです。

下山の後、法源《ほうげん》大徳が夢を見ました。院内にえも言われぬ芳香が漂い、ある人が、これこそは念昭が極楽に往生した証拠だと言う夢でした。亡くなった後、康審《こうしん》大徳の夢の中で、念昭は海を渡って西方へ往き、迎講の縁者たちが伴っていたということです。

良陳阿闍梨《りょうちん》　長和二年（一〇一三）三月二十八日、生年七十二

長らく隠居をする中で、念仏・読経は臨終に至るまで欠かしませんでした。慈悲の心厚く、忍耐強い人で、身寄りのない人に寄り添って、仏縁を結び、丁寧に指導しました。門人には、「宿縁に導かれ、子供の頃から阿弥陀仏を念じてきた。長年の功徳が身に染みているので、お迎えは疑いない」と言っていたそうです。

病を得た後は、やや苦しみながらも、正念を維持し、念仏は怠りませんでした。その頃、政円《しょうえん》大徳が、美しい花で飾られた輿が良陳を迎えようとしている夢を見ました。

命終の後、遺書が見つかりました。そこには、「寛弘《かんこう》七年（一〇一〇）三月二十五日、初めて音楽が聞こえてきた。その日から昼夜不断に聞こえるようになった。ただ東北の方向から聞こえてくるのが不思議でならない」と書かれていました。ただし臨終の病床では聞こえなかったということです。

ある人が、「良陳が亡くなった日、東塔北谷《とうとうきたたに》のあたりで、横川《よかわ》の方から音楽が聞こえてきた」と言っていました。

恵心院《えしんいん》の検校《けんぎょう》尋円《じんえん》律師の所に送られてきた書状に、次のようなことが書かれていました。

「六月十日未明に夢を見ました。丈六堂《じょうろくどう》の礼堂に、慶有《きょうう》阿闍梨と故良陳阿闍梨とが並坐していらっしゃいました。慶有阿闍梨が、良陳阿闍梨の臨終に当たり、

年を経て思い思いのかひありて　はちすの上の露とこそゐれ

〈長年の願いようやく報われて　蓮華座上に往生遂げん〉

という和歌を詠まれました。ところがその時、良陳阿闍梨が、〈臨終にカササギが騒いで、念仏を修することが困難だ〉とおっしゃったという夢です」と。カササギが念仏を障礙《しょうげ》するという所は理解困難です。学者の話ですと、良陳阿闍梨の心は世俗の欲を離れていたのですが、憍慢《きょうまん》な人だったということです。世俗の欲がないことは悟りの助けとなりますが、憍慢の心は見仏の障りとなります。『法華経』に八鳥の譬えが説かれています。天台の『法華文句』によりますと、鳥が飛ぶ様を高慢に譬えているということです。良陳の慢心が、臨終の見仏の障りとなったのでしょう。

また、縁あって良陳は大和《やまと》国に来生《らいしょう》していると言われています。自身が夢の中で、往生極楽の後、大和国に生まれて衆生を救おうと念じたということです。

また、盛源《じょうげん》大徳がこんな夢を見ました。華台院《けだいいん》で法事が勤められています。庭の南の方に二十五三昧の結衆が招集され、順番に入堂することになりました。講師が説法する声が聞こえてきます。妙空《みょうくう》大徳の声です。堂内からは七、八人の声がします。会行事《えぎょうじ》の僧が言いました。「長らく祥連が散花《さんげ》の役を勤めてきたが、此度良陳阿闍梨が新たに加わったので、祥連には堂達《どうたつ》の役を勤めてもらおう」と。その時、故明善《みょうぜん》阿闍梨が順番に従って入堂しようとしましたが、会行事に止められて入堂できず、赤面して盛源の所に帰って来ました。このように返された者が何人かあってその

詳しい数は記されていません、次に盛源が立ち上がって入堂しようとしました。すると会行事の僧が、「お前は入ってはいけない。この堂内に入ることができるのは、往生人だけである。二十五三昧の利益は極めて深く、結衆の中すでに七、八人が往生を遂げた。やがて往生する者もたくさんいる。それに比べてお前は意志薄弱で、導師の役職を辞退したではないか」と言います。盛源が、「辞退したことなどありません」と答えると、会行事の僧は、「二月に辞退したではないか。だから帰れと言うのだ」と言われて、恥ずかしげに帰って来ました夢覚めた後、盛源は、「毎月十五日の集会では、念仏勧請《かんじょう》の導師は、出家の早い順に差配《さはい》されることになっていました。私は自分にはとても務まらないと思い、心の中で辞退したいと考えていました。去る二月頃のことです。それが夢に現れたのでしょう」と言っていました。もとの座に戻って明善阿闍梨と共に慚愧《ざんぎ》しました。すると会行事の僧が盛源を叱りつけ、「お前は明善阿闍梨と同座することはできない。明善は次の次に生まれかわった時には往生できるが、お前は往生できない。同輩だと思ってはいけない」と言われたということです。

また、能茂《のうも》大徳がこんな夢を見ました。下山した際、都で良陳阿闍梨に遇いました。車に乗っていました。能茂を見て喜び、「幸いにしてお遇いできましたので、思うところを申しておきたいと思います。私は長年極楽を願ってきましたが、今すでに往生することができ、歓喜無極です。願と行とが備わっていれば誰でも必ず往生できます。このことを皆に伝えてください」と告げたということです。

ほかにも二、三の夢が伝わっていますが、これ以上は記せません。能茂の夢の中で良陳阿闍梨が告げた言葉が、最も信用できるでしょう。

あらゆる俗縁を断ち切って、しばらくでも身・口・意の三業を励ますことができれば、あっという間に苦を離れて楽を得ることができます。必ず仏を見、法を聞くことができるのです。閉目の夕べには極楽世界に到着しています。往生の願いは必ず叶えられるでしょう。

良陳阿闍梨が亡くなって数箇月を経た頃、ある人がこんな夢を見ました。梵昭《ぼんしょう》阿闍梨が定心房《じょうしんぼう》に住していたところ、故良陳阿闍梨が美しい法衣《ほうえ》を着けてやって来て、梵昭に告げました。「往生人のことについて皆が疑っているので、知らせるためにやって来ました。私はすでに極楽に往生しています。初めは下品の往生でしたが、今は二十五三昧会結衆の念仏功徳が我が身に及んで、上位へと進んでおります」と。ある人が良陳に、「どのような善行を修すれば往生を得られるのですか」と問うと、良陳は答えず、ただ念珠を繰るばかりでした。重ねて尋ねると、やはり答えず、目を合わせてただ頷くのみだったということです。

結衆以外の二人を書き加えます 二十五三昧の結衆以外の人も、院内の大衆は結縁の勤めにおいては皆同じです。差別はありません。以下の二人は結衆ではありませんが、特に縁が深いので、ここに記しておきます。

良範《りょうはん》大徳　長保三年（一〇〇二）五月十四日、生年二十

年若く、容姿端正でした。穏やかな人で、師友に逆らうことがありませんでした。だから自然と皆に敬愛されていました。

疫病が流行して多くの人が亡くなった年がありました。その無常を見て道心を発し、隠居して念仏するようになりました。身を傷つけて血で仏を画き、経を書きました。大切にしていた物を手放して、仏画経巻の供養に充てました。

病気になった後は、身命を惜しむことはありませんでした。人が治療を勧めても、早く死ぬことを望みました。「早く極楽に生まれて、人々を救いたいのです。身命を惜しんで苦海《くかい》に留まろうとは思いません」と言い、ひたすら念仏して、ほかに思うことは何もありませんでした。父母の使いが日参しましたが、返答は同じでした。命終の日も、早朝に使いが来ました。良範は、「親孝行をしたいのですが、命終が迫り、どうすることもできません。浄土に往生した後にご恩に報いたいと思います」と伝言しました。

その後はただ大声で念仏しました。病気平癒《へいゆ》を祈る人を払い除け、念仏の行者を引き寄せました平生の時、その人に、「私が病気になったら、友人たちはきっと息災《そくさい》を祈るでしょう。しかし私に念仏を勧めてくだる人こそが、最後の善知識です」と言っていたそうです。看病人に向かって、「磬《けい》を打ってください」と願いました。すぐに打ちましたが、音が小さかったので、「もっと大きな音で打ってください」と言いました。大

きな音で打ち鳴らされたその時、良範は頭北面西《ずほくめんさい》、右脇を下にして臥し、合掌して仏に向い大声で、「南無阿弥陀仏」と称えました。看病人が声を合わせて十遍ばかりを称え終えたところで、「念仏を止《や》めてください」と言いました。念仏の声が止むと、合掌して声なく、仏像を拝んで静かに命終しました。病中の修行は勇猛にして堅固であり、世間の人とは大いに異なっていました。看病人も悲喜こもごも涙を流して悼《いた》みました。

命終の時、源信僧都が良範のために諷頌《ふじゅ》を捧げました。その文の中に、「尊霊《そんれい》を護り導く大善知《だいぜんち》識《しき》に値遇《ちぐう》できますように」とありました。その意図について源信は、「善財童子《ぜんざいどうじ》の善知識について説かれた経文を読んで、善知識が成仏の大因縁となることを知っていますので、今、突然たった一人で冥路《めいろ》を往くことになった良範には、大善知識に遇わせてやりたいと思ったのです」と語ったということです。

その後、ある人が夢を見ました。良範が善知識に遇い、迷わず道を進んでいます。その人は、適《ちゃく》意《い》菩薩と名のったということです。彼の一途な思いが通じて、菩薩が迎えてくださったのでしょう。

それから数日を経て、良範が常に手にしていた書物が見つかりました。その中に、血で画かれた仏の絵像と血で書かれた経典とがありました。表紙には、「南無十方三世諸如来、命終決定《けつじょう》往生極楽」と書かれていました。それを見つけた者は、良範の深意に触れて感涙し、遺骸の上に卒塔婆を立て、その絵像と経典とを安置しました。

ああ年若くして、なおこれほどまでに志厚き人よ。白髪《はくはつ》を戴くこともなく、世俗の栄花を求めることもなかった人よ。

仁儼《にんさん》大徳　寛弘五年（一〇〇八）十一月八日、生年八十一

若い頃に大願を発して阿弥陀仏を念じ、特に年老いてからの数年間は、念仏の声が昼夜途絶えることがありませんでした。大きな声が院内に響きわたり、聞く者は喜びあふれ、不思議な気持ちになりました。多くの人が、仁儼は必ず極楽に往生することができると告げられる夢を見ました。臨終の時、弟子の利円《りえん》に、「弥勒菩薩の四十九重の光が遠くに懸かっている」と告げました。利円が、「師は長らく阿弥陀仏を念じ、ひたすら極楽を願われていましたのに、なぜ臨終に兜率往生の相をご覧になるのですか」と問うと、「何らかの理由があるのだろう。仏様にお任せするしかない」と答えたということです。

聖念《しょうねん》阿闍梨　長和四年（一〇一五）十二月二十九日、生年六十六

修行・学解《がくげ》ともに勝れ、因果に迷うことのない、勇猛精進の人でした。比叡山に住していた頃にこの二十五三昧の結衆《けっしゅ》に加わり、その間は都のあちこちから招かれて法務に当たり、後には遁世《とんせ》して山城国《やましろ》乙訓郡《おとくに》の石作《いしづくり》寺に隠居し、そこで別の結縁を開き、また二十五三昧の念仏を修しました。

隠居以降十五年間は、毎日二度阿弥陀供養法を修し、六時《ろくじ》念仏《ねんぶつ》は各一万遍を称え、二時間おきに百遍の礼拝を行いました。盛夏極熱の頃に礼拝懺悔《さんげ》すると、頭から黒煙が昇り、背には白い汗が流れました。ある時、扇で風を送ってくれた人のために、別に『法華経』四千二百部を読誦したということです。

長和四年二月に、「私の命は今年いっぱいだ」と言いました。七月に病気になり、以後礼拝の修行はできなくなりましたが、そのほかの修行は欠かすことがありませんでした。十月になって、ほかのすべての修行をやめて、念仏に専念しました。十二月上旬、「私の前では世間話をしてはならない」と言い、『往生要集』臨終行儀の文を読ませ、その教えにしたがって心を整えてゆきました。十二月中旬、舎弟《しゃてい》の僧康審《こうしん》が病気見舞いの手紙を送ってきました。その返信に、「春から思うようになったのですが、今年中に死ぬことになるでしょう。今病を受けています。間違いないでしょう。今さら安否を問うなどということはせずに、ただひたすら臨終のことを祈ってください」と記していますその手紙は現存します。

十二月二十七日、住房の掃除を命じ、「死が近い」と言いました。弟子たちは驚き、一、二の重要なことを報告しました。師はその一々を処理しました。

二十八日、諸僧を集めて念仏させ、「布薩《ふさつ》の日に命終する」と告げました。手に『梵網経《ぼんもうきょう》』を持ち、磬を打って発願し、経文を一見しました。夜になってまた諸僧に念仏させ、また『法華経』寿量品を誦えさせ、『往生要集』臨終行儀の文を読ませました。『往生要集』臨終行儀に説かれた、「臨終の十念は百年の修行にも勝る」という文を示し、諸僧と共に一晩中念仏しました。明け方近くになって、弟子の僧紀明《きみょう》が、「掲げた曼荼羅《まんだら》の上方に光明が差し、しばらくして消えました」と言いました。師は仏の手に糸を結んでその端を握り、自ら制した願文《がんもん》を持ち、西に向かって手に定印《じょういん》を結び、禅定《ぜんじょう》に入ったように静かに亡くなりました。布薩の日に命終するという言葉の通りでした。

前権少僧都《さきのごんのしょうそうず》源信《げんしん》　寛仁元年（一〇一七）六月十日入滅、生年七十六

僧都は大和国葛木下郡《かつらぎしも》の出身です。父は占部《うらべ》正親《まさちか》、母は清原《きよはら》氏で、一男四女の五人兄弟でした。父は道心はなかったのですが、実直な人柄でした。母は善人で、道心厚く、出家入道して往生極楽の修行をしていました。ある時、五人の子の中一男三女が、天から降りてきた人に迎え取られるという夢を見ました。目覚めた後、これら四人の子が聖人となることを告げる夢だと考えました。三人の娘は共に出家入道《にゅうどう》して往生浄土を目指しました。長女は臨終正念を得、念仏しつつ命終しました。次女は、命終の時、芳香が部屋に満ちました。三女は現在も善行にいそしみ、『法華経』を書写し、恭敬頂礼《くぎょうちょうらい》しています。河内国の尼僧がかつてその経典を借りて拝見していました。ある時草庵が火事になって、身の回りの物はすべて灰になりましたが、ただその経典だけが残ったということです。

一男が源信僧都です。母は子宝を願って、村で最も霊験あらたかだと言われる高尾寺《たかおじ》の観音に祈りました。その時、住職から珠《たま》を与えられる夢を見、やがて懐妊し、男子が生まれました。

源信は子供の頃、年に三度、正月・五月・九月に高尾寺に籠もり、長期の修行をしました。その時、こんな夢を見ました。堂の中に蔵があり、その中に色々な鏡がありました。大・小、明・暗様々でした。一人の僧が小さな鏡を一つ手渡してくれました。源信が、「こんな小さな暗い鏡は使えません。お前にあの大きな明るい鏡をください」と言うと、その僧は、「あれはお前にはふさわしくない。お前にふさわしいのはこれだ。横川へ持って行って、磨きなさい」と言いました。その時はまだ、横川がどこにあるかも知りませんでした。

後に縁あって、比叡山で出家受戒し、山内に住して修行学問することになりました。学業が成就して英才を発揮し、論義においては並ぶ者がないと言われるほどになりました。その頃朝廷に招かれて出仕し、戴いた物の中から、特に選りすぐった品を母に贈りました。母は泣きながら、「送ってくれた物は、うれしくないわけではないけれど、隠遁《いんとん》修行してくださることこそが私の願いです」と言いました。源信は母の言葉によって、以後あらゆる俗縁を断ち切り、山奥に隠居して往生浄土の修行に邁進しました。

長和二年（一〇一三）正月一日の願文に、次のように記されています。

「生前の修行をここに簡単に記録しておく。念仏は二十九（異本には「九」字なし）倶胝遍《くていへん》である。大乗経典は五万五千五百巻を読んだ『法華経』八千巻、『阿弥陀経』一万巻、『般若経』三千余巻等である。念ずるところの大呪は百万遍千手呪七十万遍、尊勝呪三十万遍、加えて阿弥陀・不動・光明・仏眼仏母等の呪を少々」と。

その後の修行については、別の記録があります。そのほかに、一巻十紙余の書があって、生涯に修めた善根の内容が記されています。その中には、仏像を造り、経巻を書写し、布施を行い、人の修行を助けるなどのことが記され、それら大小事理の種々の修行の功徳は、とても書き尽くすことができません。

また念仏の余暇に著した書は、数十巻にのぼります。『往生要集』三巻、『一乗要決』三巻、『大乗対倶舎抄』十四巻、『因明四相違疏注釈』三巻、『因明義断纂《だんさん》注釈』一巻等です。くわしくは別録があります。これらの著述は現在も広く用いられ、また多くが大宋国に送られました。

寂照《じゃくしょう》上人前三河守の入道の名ですが宋国より送ってきた書簡に、「『往生要集』は国清寺《こくせいじ》にあって広く読まれています。教主の宗昱師とお会いしてお見せし、さらに雙林《そうりん》山の行辿和尚への書簡とともに急遽使者に托して送りました。また義目一巻は、天台の学者に会って批評させました。やがて送られてくるでしょう。また法相や因明等の書は、五台から戻ったら、適当な人を訪ねて托そうと思います」とありました。

行辿和尚が送ってきた書簡には、「大宗（異本には「宗」は「宋」）国務（「務」は「婺」の誤か）州雲黄山七仏道場住持沙門行辿、日本国天台首楞厳修西方浄業源信大師のもとに書を送ります。私は、去る己丑《きちゅう》の年（九八九）より楊州《ようしゅう》の寺に居り、そこで大師の『往生要集』一部三巻を入手しました。拝読し、その味わい深い教えに大いに感銘を受けました。心は秋月《しゅうげつ》のように清められ、行《ぎょう》は氷霜のように浄められました。像法《ぞうぼう》の末の世に成仏の法を伝え、遠く中国の地に仏法を広めていただきました。お示し頂いた教えを、在家・出家の行者が皆共に勤修し、常に浄土を念じてゆきたいと思います。皇帝・臣下共に師と仰いでおります。わが国の三宝興隆に大きく寄与いただきました。悲しいかな私には翼がなく、美酒を献げる力もありません。ただ日本の方を遥かに仰ぎ見るのみです」とありました。両国の仏法にとって前代未聞の出来事です。源信はまことに伝灯の師であり、如来の使者に違いありません。

生前、ある人が内々に質問したことがありました。

「和上様は学問でも修行でも当世随一です。そこでお尋ねするのですが、修行の中では何を枢要《すうよう》となさいますか」と。

源信は、「念仏を枢要とします」と答えました。そこでまた問いました。

「様々な修行の中で、真如《しんにょ》を観ずる〈理観《りかん》〉が最も勝れていると聞いておりますが、和上様は、念仏なさる時、如来の真如法身を観じていらっしゃるのですか」と。

源信が、「ただ口に南無阿弥陀仏と称《とな》えているだけです」と言いましたので、重ねて、「どうして理観を修されないのですか」と問うと、次のような答えが返ってきました。

「極楽に往生するには、口に南無阿弥陀仏と称えるだけで十分だということを、よくよく存じておりますので、理観を行わないのです。ですが私にとって真如を観ずるのはそう難しいことではありません。かつては理観を修したこともありますが、その折には心が鏡のように明瞭になって、何の障《さわ》りもなく真如を観ずることができました」と。

その語気から源信の学解の深さが知られます。今静かにその言葉の意味を考えてみましょう。実相《じっそう》を念ずるとは、あらゆる束縛から心を解放することです。理観を修して心が一切の束縛から解放されて明瞭になるなどということは、末世には希有のことです。蛇足を知るのは蛇だけであり、智者だけが自分の智慧を知るのです。源信は心に偽りなく、言葉に嘘のない人です。その言葉を仰ぎ信じましょう。

またある時、「和上様はなぜ真言を学ばれないのですか」と尋ねる人がありました。源信は、「頭がよくないからです。それに念仏に専心していますので、ほかのことができないのです。真言の修行はしていませんが、貴《たっと》ばないわけではありません。迦楼羅《かるら》の譬喩《ひゆ》話などには深く帰依しています。それに長らく千手陀羅尼《せんじゅだらに》を呪《じゅ》してきましたし、近頃は尊勝陀羅尼《そんしょうだらに》も勤めるようになりました。滅罪のためには真言は効果的です」と言ったということです。

臨終が近づいた頃、ある人が因明《いんみょう》について質問しました。源信の答えは、「私が専門に学んできたのは一仏乗の教えです。因明の法門などは誤りですので、尋ねないでください。速疾成仏《そくしつじょうぶつ》の教えは、天台宗が随一です。深く学ばなければ後悔しますよ」ということでした。先哲の言葉を後人のために記しておきます。

去る長和《ちょうわ》（一〇一二〜）の頃から、病気になり、起居《ききょ》できなくなりましたが。正念を乱すことも、念仏を怠ることもありませんでした。身体は日ごとに衰えましたが、智慧はますます研ぎ澄まされてゆきました。寛仁《かんにん》元年（一〇一七）五月中旬になって、様々な苦痛がすべて平癒しました。ただ長らく右脇を下にして臥していましたので、その姿勢を変えることはできませんでした。長年病床にありましたが、身体をだらりと伸ばすようなことはしませんでしたので、身体が右に歪曲してしまって、右脇を下にして臥する以外の姿勢をとることができなくなってしまっていたのです。その身体は有って無きがごとく、ただ菩提心のみが堅固不動でした。身体は普通の状態ではありませんでしたが、すでに最後の苦痛からは解放され、心は明瞭で、臨終正念を維持していました。よってたびたび、「十五悪死は免れた。これは長年の願いであった」と言っていました十五悪死を免れて十五善生を得るという教えは、『千手経』に見えます。源信は長らく千手呪を唱えてこの事を願っていましたので、こんなことを言ったのです。

六月二日からは、全く飲食を受け付けなくなりました。

五日になって、「一人の僧がやって来る夢を見ました。そばにいた者が、〈誰ですか〉と問うと、その僧は、〈正念を与えにやって来た者だ〉と答えました」と言いました。これは臨終の奇瑞でしょう。

九日の早朝、阿弥陀仏の手に糸を結び付けてその端を握り、二つの偈を選んで、自ら唱え、人にも唱えさせました。一つは『華厳経』の、「清浄慈門刹塵数《しょうじょうじもんせつじんしゅ》　共生如来一妙相《ぐしょうにょらいいちみょうそう》　一一諸相莫不然《いちいちしょそうまくふねん》　是故見者無厭足《ぜこけんしゃむえんそく》（無量の慈悲を因として　如来の一相現れる　それを重ねて三十二　その見どころは限りない）」、もう一つは『十二礼』の、「面善円浄如満月《めんぜんえんじょうにょまんがつ》　威光猶如千日月《いこうゆうにょせんにちがつ》　声如天鼓倶翅羅《しょうにょてんくくしら》　故我頂礼弥陀尊《こがちょうらいみだそん》（満月のような顔からは　まばゆい光が放たれて　気高い声で法を説く　ゆえに阿弥陀を礼拝す）」という偈文《げもん》でした。さらに、「南無西方《なもさいほう》　極楽世界《ごくらくせかい》　微妙浄土《みみょうじょうど》　大慈大悲《だいじだいひ》　阿弥陀仏《あみだぶつ》」と唱えた後、仏に礼拝を捧げ、糸を仏前に置きました。次に普通に食事をし、弟子たちにも食事をさせました。食事を終えて弟子たちに、「顔色を見てくれ。十（異本には「十」は「十五」）悪死を免れているだろうか」と問いました。弟子たちは、「御身には苦痛なく、御顔ばせも普段と変わりません。悪死の相はありません」と答えました。源信は、「そうか」と言いました。

次に住房の掃除をし、身と衣の汚れを洗い流しました。一つひとつの動作を注意深く行っているようでした。

十日の朝、飲食は普段通りでした。鼻毛を抜き、身口を清め、仏の手に結び付けた糸を持って念仏し、その後眠ったようでした。給仕の者が側にいましたが、ただ「休む」とだけ言って何もしませんでした。長らく沈黙が続いたので、よく見ると、頭北面西にして右脇を下に臥し、入滅していました。顔色は良く、微笑んでいるようでした。仏の手に結んだ糸と念珠とを持ち、両手はややずらした形で合掌していました。

源信は弟子たちに常々、「私の臨終の時には、大事のことを問え。善趣《ぜんしゅ》に生まれるか、悪趣に生まれるか、事実を示してやるから」と言っていました。また亡くなる前日には親しい僧に、「今まで誰にも言わなかったが、若い僧が何人かやって来て坐っているのが見える。三人組だったり、五人組だったりする。容姿は端正で、衣服も美しい。目を閉じると見えるのだ。こんなことを言うと、たわごとだと思われるだろう。最後に質問はないか」と言いました。その他のことは種々に問い、源信は一つひとつ答えてくれましたが、臨終大事のことについては、やんわり尋ねようとしたのですが、なかなか言い出すことができませんでした。誰も大事のことを問うことができなかったのです。仲間にとっても、仏法にとっても、この上なく嘆かわしいことです。

弟子の僧能救《のうぐ》は年来、近江国甲可（「可」は「賀」の誤か）郡の石倉寺に住んでいましたが、昨年十月に師の元を訪れ、「年老いて歩くこともままならなくなりました。大師にお会いできるのもこれで最後かと存じます」と言って、帰って行きました。その後源信が書簡を送り、「来年の春夏にはどうしても会いたい」と言いましたが、何かとさしさわりがあって会えないままでした。そうするうちに、この六月十日になりました。

明け方のことです。能救は夢を見ました。源信の部屋を訪ねると、師はこれから旅に出ると言います。路の左右には諸僧が並んでいます。美しい衣服を着けた四人の童子が左右に二人ずついます。諸僧が立ち上がりました。横川の迎講の儀式のようです。源信が、「小さな童子を先頭にし、大きな童子がそれに続け」と指示し、その通りに皆が並び、西に向かって歩き始めました。能救は夢の中で思いました。「地上を歩いているのはおかしなことだ」と。すると行列は次第に浮上し、虚空を進んで行きました。皆が口に、「超度三界、超度三界」と何度も唱え、西に向かって行きました。

夢覚めた後、そのことを僧法救《ほうぐ》や尼僧賢妙《けんみょう》に告げ、皆で、「源信僧都が入滅されたのかもしれない」と噂しました。はたして十八日、横川の僧寿尊《じゅそん》がやって来ました。すぐにそのことを問うと、「今月十日に入滅された」と答えました。夢が正しかったので、皆驚嘆しました。

一人の僧がありました。源信と師弟の契を結んでいました。源信入滅から数箇月の間、その生処を知りたいと祈り続けたところ、夢で源信に会うことができました。「極楽に生まれられましたか」と問うと、師は、「生まれたとも言えるし、生まれなかったとも言える」と答えました。「なぜそんなことをおっしゃるのですか」と問うと、「辛うじて苦を免れているので、そう言ったのだ」と。「よく分かりません。往生なさったのですか」と問うと、「そうだ」と。「本意を遂げられたのでしたら、大いに喜ばしいことです」と言うと、「最も喜ばしいことだ」と。「先程はなぜ、生まれなかったとも言えるとおっしゃったのですか」と問うと、「極楽の聖衆《しょうじゅ》が仏を取り囲んでいる時、私はその一番外側にいた。だから生まれなかったとも言えると言ったのだ」と答えました。続いて、「私は浄土に往生できますか」と問うと、師は、「お前はできない」と答えました。「何の罪があって往生できないのでしょう」と問うと、「怠慢だ」と。「どうしても往生できませんか」と問うと、「お前は怠慢だが、成仏の願《がん》を発した。これは善いことだ。牢屋に閉じ込められた者でも、智慧があれば逃げ出すことができる。成仏の願も同じだ。迷いの世界に沈んでいても、抜け出すことが可能だ」と。「この願によって浄土に往生できますか」と問うと、「願があっても行《ぎょう》がなければ難しい」と。「これまでの怠慢を悔い改め、今よりますます精進すれば、往生の願を遂げられるでしょうか」と問うと、しばらく沈黙して考え、「それでも難しい、それでも難しい。そもそも極楽に生まれることは、極難のことなのだ。だから私は最も外側にいる」と言いました。それを聞いて、深く慚愧の念を起こしたということです。

この夢によって昔のことが思い出されます。源信が、経文《きょうもん》に基づいて弥陀来迎の絵図を画いたことがありました。その絵には、比丘僧《びくそう》が多く、菩薩衆は少なかったので、「なぜ菩薩が少ないのですか」と問うと、源信は、「下品の蓮台を望んでいるからだ」と答えました。「なぜ上品を望まれないのですか」と問うと、「我が分に相応しいからだ」ということでした。

源信臨終の様子を細かく尋ねると、看病僧が次のように言いました。「臨終が近づき、弟子に『無量寿経』（『観無量寿経』の誤か）下品上生・中生の文を読ませました。その意図を問うと、さきほどの答えと同じでした」と。

源信僧都は自らの願いによって下品の蓮台に往生したのでしょう。そう思わせるような現象や報告が多いのですが、夢のことは確かだとは言い難いので、これ以上は書きません。

しかし源信僧都は、智慧・精進ともに人並みはずれた人物です。仏法を広めて人々を利益しようと、深く心を傾けた人です。仏の言葉に嘘はなく、修因《しゅういん》に応じた果報は明白です。極楽に往生したことは間違いありません。どうか結縁の力によって、早く私どもをお救いください。

禅珍《ぜんちん》大徳　治安元年（一〇二一）四月十五日命終、生年六十五、結縁以外の人ですが書き加えました

故加賀守《かがのかみ》藤原朝臣直連の孫です。出家の後は三河国に住んでいました。当院にやって来て数年になります。道心は深く、念仏を怠りませんでした。院内の僧が皆憐れむほど貧しく、衣は揃わず、

食事もままなりませんでした。貧道《ひんどう》の第一でした。ただ白磁の小瓶を大切にしていました。病気になった時、欺《だま》されて取り上げられてしまいました。臨終の時になっても、小瓶のことを悲しんでいました。看病人がたしなめましたが、恨みは消えないようでした。

死後、瓶を取り上げた者の夢に現れ、「此度は迷いの世界を脱せるかと思いましたが、この瓶のために再び苦界に戻ろうとしています。もし私のために卒塔婆を立ててくださるならば、本意を遂げることができるのですが」と告げました。彼はその通りにしました。往生の可非は心によります。物ではありません。けれどもこんなに些細な物が、これほど心に重くのしかかってくるのです。このことを後世に伝えて、後輩たちを誡めようと思います。

康審《こうしん》大徳　治安元年四月二十一日命終、生年七十

勇猛精進、道心堅固の人です。早くに世俗を捨て、長らく浄土を願って、行住坐臥に西方に背を向けずに暮らしていました。

かつて兄弟子の聖全《しょうぜん》阿闍梨の住房に同宿していたことがありました。その房では、普通に坐ると西を向くことができないのですが、強いて西を向くことを願い、扉の正面に向かって坐っていました。出入りする人に迷惑でしたので、兄弟子が諫めて、「東を向くか西を向くかは、臨機応変にせよ。京の町から比叡山に上る際には、西に背を向けるしかないだろう」と言うと、「西から東に向

かう際には、身体をねじって横を向きます。私は真西に背を向けたことはありません」と答えたので、兄弟子は思わず涙しました。伝え聞いた者も涙したということです。

六十八歳寛仁三年（一〇一九）の時、年来の修行を列挙して、「『法華経』の読誦は一千一百五十部、『阿弥陀経』は十一万巻、普賢の十願は一万六千巻、四十八願は四万八千巻、それに『梵網経』十重《じゅうじゅう》禁《きん》や法華懺法を行いました。また阿弥陀仏の印仏が二百六十万倶胝《くてい》三万六千億体です。生まれてから七十歳まで毎日平均一倶胝の印仏を行ったことになります。阿弥陀念仏は一百五十一万倶胝遍です。二十五歳から三十歳までは毎日三万遍、その後五、六年は六万遍、三十七歳以降は毎日十万遍です。阿弥陀大呪は十七億遍、随求陀羅尼は一万一千七百遍、光明真言は七百遍、ほかに阿弥陀小呪や、尊勝大仏頂・阿嚕力迦《あろりきか》・不動・仏眼仏母等の真言を唱えました」と記しています。この中、印仏の数は七十歳を想定して書いていますが、最後まで全く相違なく勤めました。誠に聖人と言うべき人です。

しかし今年、世間に疫病が流行し、その間に病になりました。ある人が、「疫病ですか」と尋ねると、「ちがいます。身体には少し苦痛がありますが、心は散乱していません」と答えました。臨終の時、看病人に向かって、「仏がやって来られました。路《みち》を掃除して散花してください」と言いました。看病人が、「花がありません」と言うと、「紙で色とりどりの花を造ってください」と言い、指示通り花を作って散花すると、頭北面西にして合掌の姿で息絶えました。

仁宗大徳　長元三年（一〇三〇）八月日命終、生年七十九
梵照阿闍梨　長元五年五月十八日命終、生年七十
前権少僧都覚超　長元七年正月二十四日入滅、生年七十三

（底本奥書）
寛喜二年（一二三〇）秋八月十日夜、書写し終えました。近頃は毎晩書いておりますが、後夜（午前四時頃）の鐘を合図に筆を置くことにしています。私なりにがんばりましたが、睡魔をどうすることもできず、悲しみに沈んでいることを敢えて書かせていただきます。そもそもこの書は、誰の作かよくわかりません。一説には、源信僧都が書き、その逝去の後は覚超僧都が継承したけれども、覚超亡き後はだれも書き継ぐ人がいなかったと言われています。見かけだけの沙門慶政《けいしょう》が、敬《うやま》って記しました。
（以下別筆）
この記載は虫干しの後に書かれたものだと思われます
慶長十一年丙午（一六〇六）三月下旬
前准三宮《じゅさんぐう》入道沙弥円性《えんしょう》

（対校本奥書）

元禄六年癸（一六九三）二月中旬に書写しました

東西軒《とうざいけん》

二十五三昧会や、その過去帳のことは、すでに第二章第6項源信伝の中で詳しく紹介しましたので、ここでは『楞厳院二十五三昧過去帳』（広本）の特徴について、簡単に述べておきたいと思います。

『恵心僧都全集』巻一には、『二十五三昧根本結縁衆過去帳』が収められ、そこには二十五人の発起《ほっき》衆《しゅう》と十九人の根本結縁衆の名、及び、文永《ぶんえい》座主前大僧正御房（慈禅《じぜん》、一二七六没）、永仁《えいにん》座主前大僧正御房（慈基《じき》、一二九八没）以下、十三世紀以降の列衆《れっしゅ》八十人、合計百二十四人の名前だけが列挙されています。加えて『首楞厳院二十五三昧結縁過去帳』という題で、源信・貞久・相助・花山法皇・良範の五人の伝を記した書が収められています。それらを「略本《りゃくほん》」と称します。

それに対し本書に取り上げた本は「広本」と呼ばれています。宮内庁書陵部《しょりょうぶ》所蔵の寛喜《かんぎ》二年（一二三〇）の奥書を持つ写本が現存唯一の本です。昭和四十年代に平林盛得氏が翻刻紹介されて以来、学者の間では注目されてきましたが、広く読まれるようになったのは、『続天台宗全書』に収められて以降のことです。『続天台宗全書』史伝2（昭和六十三年）所収の「広本」は、宮内庁本を底本とし、「略本」（『恵心僧都全集』巻一所収、底本は三重県引接寺《いんじょうじ》所蔵元禄六年写本）を対校本としています。今般はその全文を現代語訳いたしました。

「広本」は、外題「楞厳院二十五三昧過去帳」、内題には「楞厳院二十五三昧結衆過去帳」と記されています。二十五三昧会の結衆五十一人の過去帳です。「略本」所載の発起衆・根本結縁衆四十四人との重なりは三十九人で、「略本」には見えない人物が十二人あります。五十一人中、十七人について伝が付記されており、その中に「略本」所載の五人がすべて含まれています。五人の伝の内容は、「広本」「略本」同一です。また「広本」に伝が付記された十七人は、すべて「略本」所載の発起衆・根本結縁衆四十四人の中に含まれています。

「広本」序文には、長和二年（一〇一三）七月に書き始めたと記されていますので、最初の祥連《しょうれん》（九八七年正月没）から、四十二番目の良陳《りょうちん》（一〇一三年三月没）までは、メモされていた資料をもとに一時期に書かれたものと思われます。その直後に四十三番目の良範《りょうはん》（一〇〇一年五月没）と四十四番目の仁賛《にんさん》（一〇〇八年十一月没）とを書き加え、四十五番目の聖念《しょうねん》（一〇一五年十二月没）以降、五十一番目の覚超《かくちょう》（一〇三四年正月没）までは、その都度記されたものと思われます。誰が記したのかは不明ですが、宮内庁本の奥書によると、伝を書いたのは源信であり、源信の没後は覚超が書き継いだと言われています。とすると、源信伝の筆者は覚超だということになります。

『楞厳院二十五三昧過去帳』に伝を付記された人の共通点は、「夢の告げ」があったことです。夢告《むこく》は、すでに保胤《やすたね》が往生の証拠として採用していますので、十世紀には一般に奇瑞として承認されていたことは明らかですが、この書は特に夢に強い関心を示しています。序文には、結衆が夢告を誓い合っていたことが記されています。それは残された者に往生の可非を知らせるためでした。彼らは生前の行業から往生の可非を判断できるような基準を知りたかったのでしょう。それがなかなかうまくいかずに焦っていたのではないでしょうか。

もう一つ、『楞厳院二十五三昧過去帳』の特徴は、往生が困難だった人の伝を収めていることです。「往生伝」は、往生できたと判断された、優秀な人の伝を収載することに主眼が置かれていますので、そこが大きな違いです。たとえば最初の祥連伝には、智解浅く口下手で、下品の往生を遂げたという記述が見えます。ところがそれを踏襲した『三外往生記』祥蓮《ママ》伝では、悪評の部分が削除され、賛辞のみが記されています。『三外往生記』は、『楞厳院二十五三昧過去帳』所載の七伝を踏襲していますが、悪評と言えるような記述はすべて削除しているのです。

『楞厳院二十五三昧過去帳』の二番目に登場する貞久《じょうく》は、念仏のおかげでかろうじて地獄往きを免れたと書かれ、また三十四番目の明善《みょうぜん》は、順次生《じゅんじしょう》には往生できず、第三生に往生するだろうと言われています。四十二番目の良陳伝の中に登場する盛源は、「略本」に名の見える根本結縁衆の一人ですが、往生はできないと判定されています。そして四十六番目に登場する源信は、下品の往生を遂げたと述べられているのです。これらの記述は、二十五三昧会の結衆が極めて厳しい態度で修行に臨んでいたことを物語ると共に、彼らが皆必ずしも優秀な修行者ではなかったことをうかがわせます。この書は、源信の周辺にいた比叡山の念仏修行者の実態を知る貴重な史料の一つだと思います。

おわりに

十世紀の貴族社会に「お迎え」の信仰が芽生えたのは、比叡山の念仏法会《ほうえ》が貴族の間で評判になったことがきっかけでした。その法会は九世紀半ば、唐から帰国した円仁《えんにん》が、比叡山東塔《とうとう》の常行三昧堂《じょうぎょうさんまいどう》で始めたものです。円仁の没後は弟子たちが継承し、「不断念仏《ふだんねんぶつ》」と名づけられて、毎年八月の恒例行事として勤められるようになりました。常行三昧堂に籠もって七日間、休むことなく本尊阿弥陀仏像の周りを歩きながら、心に仏の姿を想い描き、口には仏名を称《とな》え続けるという、行者にはとても厳しい修行です。貴族たちが注目したのは、行者が称える念仏の声でした。美しい旋律に乗せて歌う「南無阿弥陀仏」の声に魅せられたのです。十世紀半ば以降、不断念仏は、比叡山のみならず京都や大和の諸寺、さらには貴族の邸宅でも行われるようになりました。

念仏の声に誘われて法会に集った貴族たちは、阿弥陀仏の極楽浄土への往生を願うようになります。その信仰を支え導いたのは当然、比叡山の念仏行者たちでした。関白藤原忠平《ただひら》（八八〇～九四九）の私邸には、増命《ぞうみょう》・相応《そうおう》・延昌《えんしょう》等が出入りし、その子師輔《もろすけ》（九〇八～九六〇）が良源《りょうげん》に帰依《きえ》したことは本書にご紹介した通りです。

十世紀半ばには、天台宗において浄土教教理研究が開始されました。それは貴族社会からの要請に応えるものだったと言えます。良源・千観《せんかん》・禅瑜《ぜんゆ》等、比叡山屈指の学僧たちが浄土教の教理書を著しています。彼らは阿弥陀仏の救済活動の特徴を「臨終来迎《りんじゅうらいごう》」と捉え、命終の時に聖衆《しょうじゅ》の「お迎え」が得られるよう、念仏修行にいそしめと説き示しました。彼らが目指したのは、天台宗独自の浄土教教理を組織することでした。その活動により、その後十一世紀を通じて、比叡山天台宗は浄土教教理研究の分野で他学派の追随を許すことなく、貴族たちの信仰を導く役割を独占することになります。

一方、山上の念仏修行者の中には、僧侶が貴族社会に接近することに批判的な者もいました。彼らは念仏の法会を通じて結束を固め、修行に邁進しました。源信はその一人だったと思われます。

源信が寛和《かんな》元年（九八五）に著した『往生要集』は、比叡山の念仏修行者を対象として、往生極楽のための実践の規範を示した書です。娑婆《しゃば》を厭《いと》い極楽を願って、大乗菩薩道《だいじょうぼさつどう》としての念仏に専念せよと説かれています。極めて厳しい姿勢で、種々の念仏実践の方法が提示され、そのすべてを集結して「臨終行儀《ぎょうぎ》」という、「お迎え」を得るための作法が組織されています。『往生要集』は貴族向けに書かれたものではありませんでしたが、源信が目指したのも、やはり臨終来迎の感得《かんとく》だったのです。

『往生要集』「臨終行儀」の冒頭部に、臨終行者の心構えを説く文として、唐の善導《ぜんどう》（六一三～六八二）が著した『観念法門《かんねんぼうもん》』の一節が引用されています。次のような内容です。

行者が病気になって、あるいは病気でなくとも、臨終が近いと思えば、すでに説き示した念仏三昧の教えに順い、身も心も正しく整えて、顔を西に向け、心を集中して阿弥陀仏を観想《かんそう》し、心と言葉とが合致した状態で途絶えることなく仏名を称《とな》え、惑うことなく自身が往生してゆく姿を想い描き、蓮華台《れんげだい》と共に仏・菩薩が極楽からやってきて迎え取ってくださるという情景を想念しなさい。その情景を見ることができたならば、病人は看病人に向かってその様子を告げなさい。告げられたらその通りに記録しなさい。もし告げることができないようなら、看病人は何度も何度も、「どんな情景が見えるのか」と問いなさい。もし罪のために苦しんでいるようなら、共に仏を念じ、皆で助けて懺悔《さんげ》して、必ず罪を滅ぼすようにしなさい。罪を滅ぼしたならば、その念に応じて蓮華台と共に仏・菩薩が出現するでしょう。その様子を聞いて記録しなさい。もし病人の家族が見舞いに来ても、酒や肉、それにニンニクなどの臭いの強い野菜を口にした者は、決して中に入れてはなりません。病人の近くに寄せてはなりません。臨終正念《しょうねん》が保たれず、心が乱れ、混乱の中で息絶えて、悪道《あくどう》に堕《お》ちることになるからです。行者の皆さま、どうか身を慎み、仏の教えをよく守って、共に仏を拝見できるよう努めてください。

ここで重要なのは、「臨終正念」の成就《じょうじゅ》が求められていることです。念仏三昧の修行によって身心を正し、心を専注して観仏・称名し、聖衆の来迎を得て自分が往生してゆく姿を想念せよと説かれています。念仏三昧の修行を完遂することによって正念に到達し、その状態を保ったまま、身心ともに一糸乱れることなく命を終えることができたならば、聖衆の来迎にあずかり往生することができるのです。行者《ぎょうじゃ》の罪業が深くて正念が得られないようならば、看病人が共に念仏懺悔して、滅罪の手助けをしてやらなければなりません。それは、「罪を滅ぼしたならば、その念に応じて蓮華台と共に仏・菩薩が出現するでしょう」と言うように、滅罪によって正念に達し、その正念に対して聖衆が来迎すると考えていたからです。行者の正念を乱すものは、肉親でさえも近づけてはなりません。正念を失うと来迎が得られず、したがって往生ができないからです。臨終行儀は、臨終正念を獲得するための修行として提示されているのです。

『往生要集』は、成立直後から比叡山の念仏修行者の指南書《しなんしょ》となり、また十二世紀以降には、南都・真言の諸学派で勃興した浄土教教理研究にも多大の影響を与えました。加えて藤原道長（九六六～一〇二七）が愛読したことにより、著者の意図を超えて貴族社会にも流布《るふ》し、「お迎え」

の信仰の隆盛に寄与することになります。

『往生要集』の教説に基づく「お迎え」の信仰の広がりは、同時に、臨終正念が成就しなければ往生できないのではないか、あるいは地獄に堕ちるのではないかという不安感をもたらすことになりました。信仰が深まり、教理の理解が進むにつれて、多くの人が自身の救われ難さを痛感したことでしょう。

法然に帰依したことで知られる関白九条兼実《かねざね》（一一四九～一二〇七）の日記『玉葉《ぎょくよう》』には、「臨終正念の宿願を成就することこそが一生涯で最大の課題です」という記述があります。治承《じしょう》四年（一一八〇）十二月二十九日、平家による南都焼打ちの翌日、事件の経緯を伝える記事の中に見えます。この時兼実は三十二歳で、右大臣の地位にありました。法然に出遇うのは、これから数年後のことです。南都焼打ちなどという大事件を承けての記事ですから、平常心で書かれた言葉ではないかもしれません。それにしても自身の死に関わるようなことを、若い大臣が、日記という多くの人の目に触れるであろう物の中に記したのは、臨終正念を生涯の目標とするような考え方が、当時の貴族社会では、すでに常識となっていたからだと思うのです。しかも彼らは、それが極めて達成困難な目標であることを知ってしまったのです。心の中は、不安と恐怖でいっぱいだったにちがいありません。

院政期にはおびただしい数の阿弥陀堂が建立され、阿弥陀仏や極楽浄土の図像がその絢爛豪《けんらんごう》華《か》さを競うように次々と制作されます。貴族たちは、臨終行儀の準備に没頭することによって、堕地獄《だじごく》の恐怖を振り払おうとしたのでしょう。

救われ難さの自覚を起因とする切迫感は、十三世紀には庶民層にまで広がっていたようで、法然や親鸞が組織した浄土教教理においては、克服すべき前提として存在しています。鎌倉時代の浄土教は、社会に蔓延する不安や恐怖から人々を解放する宗教として展開するのです。法然の法語を集めた『西方指南抄《さいほうしなんしょう》』という書物があります。その中に、臨終正念を与えるためめに「お迎え」に来てくださるのであるという、法然の見解が示されています。

臨終正念に対して来迎くださるのではありません。来迎くださるから臨終正念が得られるのです。生きているうちに往生の修行を成就した人は、臨終に必ず聖衆の来迎を得ることができるでしょう。来迎を得たならば、たちまち正念に達することができるのです。ところが昨今の行者の多くは、この道理をわきまえず、平生《へいぜい》の修行を怠け、臨終の正念ばかりを願っています。それは大間違いです。この道理をよく心得て、平生の修行を怠ることなく、必ず臨終正念を成就しようと決意しなければなりません。これは最も大切なことです。心にとどめておいてください。臨終正念を与えるために来迎くださるということは、静慮院《じょうりょいん》 静照《じょうしょう》 法橋《ほっきょう》が提唱された教えです。

臨終正念の成就を切望するあまり、臨終の念仏ばかりを心にかけ、平生の念仏を軽視する者が多かったようです。法然は、そのような風潮を批判し、臨終来迎は平生念仏の利益として与えられ、臨終正念はその来迎によってもたらされるのだと述べています。

このような見解が、すでに静照（～一〇〇三）によって提唱されていたことは驚くべきことです。静照は、本書第二章第12項大江定基《おおえさだもと》伝の中に登場した人物です。源信と同時代の天台僧で、『四十八願釈』『極楽遊意』等の著述が伝わっています。しかしその中には、臨終来迎に関する右のような記述は見当たりません。法然によって見出されたとも言えるこの教えは、臨終正念の成就のために汲々とする人々の心に、安らぎを与えるものだったことでしょう。

法然は、臨終正念を目指すことを否定したのではありません。臨終行儀の重圧に縛られて、平生の念仏生活を疎かにしてはならないと言ったのです。『和語燈録《わごとうろく》』に収められた法語には、次のようなことが述べられています。

臨終の時に善師に遇うことができなくても、臨終の作法を思い通りに行うことができなくても、念仏さえ申せば往生することができるでしょう。

来迎を願い、正念の成就を目指して行う臨終行儀よりも、平生の念仏が大切だということなのです。

その立場は親鸞に継承されます。晩年京都に帰った親鸞が、関東の門弟に送った手紙の中に、次のようなことが書かれています。

来迎は念仏以外の修行をする人のために用意されたものです。自力をたのむ行者には来迎が必要なのです。臨終の様子の善し悪しなどということも、自力の諸行によって往生しようとする人には重要なことです。真実の信心を得ていない人には必要なことなので す。また五逆《ごぎゃく》・十悪《じゅうあく》の罪人が、臨終の時に初めて善師に出遇ったというような場合には、臨終念仏が勧められます。それに対して、我ら真実信心の行人《ぎょうにん》は、平生の時に阿弥陀仏の救いの手の中に摂《おさ》め取られていますから、その時点で必ず仏となることが約束されているのです。よって臨終の時を待つ必要もなく、来迎をたのむこともありません。信心が定まった時に、往生も定まりますので、来迎を得るための臨終行儀も不要です。正念とは、我らにとっては、阿弥陀仏の本願を受け容れる信心が定まることを言うのです。

建長《けんちょう》三年（一二五一）、親鸞七十九歳の時の手紙です。この記述から、関東の門弟たちの質問の内容が知られます。彼らは、臨終正念による来迎の感得を往生極楽の条件とするような教えを誰かから聞いて、不安にさいなまれたのです。臨終正念の渇望とそれに伴う不安感が、十三世紀半ばまでには、庶民層のかなり広い範囲にまで浸透していたことがうかがわれます。

それに対して親鸞は、臨終来迎を不要とする考えを提示し、堕地獄の恐怖から人々を解放しました。臨終を待つまでもなく、信心を得た時に往生が確定すると言うのです。「平生の時に阿弥陀仏の救いの手の中に摂《おさ》め取られていますから、その時点で必ず仏となることが約束されているのです」と訳した部分です。原文は、「摂取不捨《せっしゅふしゃ》のゆゑに正定聚《しょうじょうじゅ》の位《くらい》に住す」という、極めて簡潔な記述です。

さらに親鸞は、正念とは信心決定《しんじんけつじょう》の意であると言います。正念は、臨終の時に得るものではなく、摂取不捨の利益として与えられるものだということです。

親鸞は、「臨終来迎」ではなく、「摂取不捨」こそが阿弥陀仏による救済活動の最大の特徴であると主張したのです。それによって浄土真宗の門徒には、臨終正念を目指すことも、「お迎え」を願うことも、必要がなくなりました。

それでも「お迎え」という、臨終来迎を意味する言葉が、現在も一般に用いられています。ただし「死」と「お迎え」とを同意と捉えている人が多いように見受けられます。誰にでも「お迎え」があると思われているようです。それはあまりにも安易な考えです。「お迎え」を得ることが人生最大の、しかも極難の課題であるというような切迫感や恐怖感は、親鸞のおかげで払拭されました。それはとても有り難いことですが、後生《ごしょう》の一大事に対する認識が、現代人には薄れ過ぎているように思うのです。

本書に取り上げた「お迎え」に対する平安人の心構えは、私どもに自分の「いのち」を直視するきっかけを与えてくれるかもしれません。

梯　信暁（かけはし　のぶあき）

1958年大阪市生まれ。

1982年早稲田大学第一文学部東洋哲学専修卒業。

1991年早稲田大学大学院文学研究科東洋哲学専攻博士後期課程退学。

2006年博士（文学）早稲田大学。

現在、大阪大谷大学文学部教授、龍谷大学講師、武蔵野大学講師、浄土真宗本願寺派中央仏教学院講師。

［著書］
『宇治大納言源隆国編　安養集　本文と研究』（西村冏紹監修、百華苑、1993 年）、『奈良・平安期浄土教展開論』（法藏館、2008 年）、『インド・中国・朝鮮・日本　浄土教思想史』（法藏館、2012 年）、『新訳　往生要集』上・下（訳註、法藏館、2017 年）。

お迎《むか》えの信仰《しんこう》—往生伝《おうじょうでん》を読《よ》む

二〇二〇年五月七日　初版第一刷発行

著　者　梯　信暁
発行者　西村明高
発行所　株式会社　法藏館
京都市下京区正面通烏丸東入
郵便番号　六〇〇－八一五三
電話　〇七五－三四三－〇〇三〇（編集）
〇七五－三四三－五六五六（営業）

ブックデザイン　鷺草デザイン事務所
印刷・製本　中村印刷株式会社

ISBN 978-4-8318-6068-2 C1015

新訳 往生要集 上・下　源信著　梯信暁訳註　各三、二〇〇円

地獄【法蔵館文庫】　石田瑞麿著　一、二〇〇円

法然と大乗仏教　平岡聡著　一、八〇〇円

ブッダの小ばなし 超訳百喩経　釈徹宗監修　多田修編訳　一、〇〇〇円

明恵と龍になった女　谷口義介著　一、五〇〇円

インド・中国・朝鮮・日本 浄土教思想史　梯信暁著　二、八〇〇円

A級戦犯者の遺言 教誨師・花山信勝が聞いたお念仏　青木馨編　二、〇〇〇円

法藏館　価格は税別